Ronja von Rönne
Trotz

© Carolin Saage

Ronja von Rönne, geboren 1992, ist Schriftstellerin, Journalistin und Moderatorin. 2015 las sie beim Ingeborg-Bachmann-Preis. Von 2017 bis 2022 moderierte sie auf ›Arte‹ die Sendung ›Streetphilosophy‹. Ab Herbst 2023 ist sie in dem neuen Format ›Unhappy‹ zu sehen. Sie schreibt für ›Die Zeit‹ und ›Zeit Online‹. Ihr Roman ›Ende in Sicht‹ wurde zum von der Kritik gefeierten Bestseller.

Trotz ist in seiner reinen Essenz: der Moment des Aufbäumens. Er kann ganze Gesellschaften in den Fortschritt katapultieren. Er kann aber auch: bremsen. Das gilt nicht nur für uns als Gemeinschaft, sondern auch für jeden Einzelnen. Wer ist nicht schon einmal trotzig über sich hinausgewachsen? Und wer wurde nicht auch einmal vom Trotz daran gehindert, etwas zu erreichen?
Ronja von Rönne kennt den Trotz, etwas besser sogar, als ihr lieb ist. In diesem persönlichen Essay zeigt sie, wann der Trotz sie am Leben gehalten hat. Und wann er kurz davor war, sie zu zerstören. Rönne durchleuchtet aber nicht nur ihren eigenen Trotz, sondern auch den der anderen, denn am Ende steht die Frage: Sollen wir nun trotzig sein oder nicht?

RONJA VON RÖNNE

TROTZ

dtv

Originalausgabe 2023
© 2023 dtv Verlagsgesellschaft mbH & Co. KG, München
Das Werk ist urheberrechtlich geschützt. Jede Verwertung ist
nur mit Zustimmung des Verlags zulässig. Das gilt insbesondere
für Vervielfältigungen, Übersetzungen und die Einspeicherung
und Verarbeitung in elektronischen Systemen.
Umschlaggestaltung: unfun.de
Satz: Fotosatz Amann, Memmingen
Druck und Bindung: CPI books GmbH, Leck
Printed in Germany · ISBN 978-3-423-28371-7

Trotz Martin

INHALT

MARTIN, ERSTER SATZ   9

ERSTES KAPITEL
AM ANFANG WAR DER TROTZ   13

ZWEITES KAPITEL
DER STUMME UND DER LAUTE TROTZ   25

DRITTES KAPITEL
DIE DUNKLE SEITE DES TROTZES   37

VIERTES KAPITEL
DER GEFÜHLTE TROTZ   69

FÜNFTES KAPITEL
DIE HELLE SEITE DES TROTZES   77

SECHSTES KAPITEL
DIE ZÄHMUNG DES TROTZES   89

MARTIN, LETZTER SATZ   97

QUELLEN   105
DANK   107

MARTIN, ERSTER SATZ

Martin war nicht tot. Im Gegenteil: Er war sauanstrengend. Kurz vor dem Abitur saß ich mit meinem besten Freund in einer Regionalbahn Richtung Westen. Unser Ziel war weit weg und sollte uns über Amsterdam und eine Million Regionalzüge nach Paris führen.

Es gibt beste Freunde, die gut und friedlich gemeinsam schweigen können. Martin und ich gehörten nicht dazu. Wir schwiegen uns nicht in stillem Einverständnis, sondern wütend an, saßen uns gegenüber, zwischen uns, auf der Tischplatte des Regionalzugs: ein EpiPen für Notfälle. Seine stumpfe Verweigerungshaltung, meine Frustration.

Einige Monate zuvor war er mit Diabetes Typ 1 diagnostiziert worden, und genauso lange lehnte er ebenjene Diagnose grundsätzlich ab. Anstatt regelmäßig seine Zuckerwerte zu messen, entschied er, dass Cola, Kekse und McDonald's-Cheeseburger ohne Gürkchen nun seine Lieblingsspeisen waren und seinen Ernährungsplan in Alleinherrschaft dominieren sollten. Am Anfang grinste er und sagte: »Diabetes ist kein Zuckerschlecken«, und ich grinste auch. Nun nicht mehr.

Hypochonder bilden sich Krankheiten ein, Martin tat das Gegenteil. Er sei Martin, meinte er, nicht Diabetiker, das seien zwei grundsätzlich verschiedene Dinge, und das eine habe mit dem anderen nichts zu tun. Er spritzte sich eigentlich nur, wenn man ihn dazu nötigte, und ernährte sich wie ein Waschbär. Dementsprechend litt er, mal unter-, mal überzuckert. Mal wurde er lethargisch und müde, die Welt wankte unter seinen Füßen, schwindelig wurde uns beiden. Dann wieder schien er unkonzentriert, konnte aggressiv werden. Immer war irgendwas zu viel oder zu wenig. Er litt.

Und ich, seine Reisebegleitung, litt dementsprechend mit. Sein Verhalten änderte er nicht, im Gegenteil, je schlechter es ihm ging, desto grimmiger verweigerte er sich der Behandlung.

Ich schnippte den EpiPen vom Tisch. Er rollte zwei Sitzreihen weiter zwischen die Beine einer Mitreisenden. Weder er noch ich machten Anstalten, ihn aufzuheben. Kurz zuvor hatte er mir erklärt, wie ich ihm dieses Gerät in den Oberschenkel rammen sollte, für den Fall, dass er umkippte. Weil er schlicht keine Lust auf Insulin und Zuckermessen hatte. Und auf Diabetiker sein. Auf krank sein.

Wir waren schließlich 17, kurz vor Köln, kurz vor dem Abitur, wir waren: Beste Freunde, talentiert, wir waren stolze Besitzer eines Wochenendtickets, und wir waren so kurz davor, endlich loslegen zu dürfen mit diesem sogenannten Leben. Krank sein passte da nicht rein.

Eine Woche schlich er mir hinterher, immer leidend, immer schwach, immer stur. In einer kleinen Dachkammer in Amsterdam machten wir Pause für einen Tag, und während ich dem Mythos um dieses sagenumwobene Gras mit einem gefälschten Ausweis auf den Grund gehen wollte, wollte er: schlafen. Ich ging alleine los, er bat mich, ihm Süßigkeiten mitzubringen, und ich tat es, denn noch war mir ein leidender Mitreisender lieber als ein toter.

Als wir schließlich in Paris im Regen standen, ohne Geld, ohne jegliche Toleranz für den jeweils anderen, und ich Passanten anbettelte, uns für die Nacht aufzunehmen, ahnten wir beide noch nicht, dass er nie wieder so gesund sein sollte wie an jenem Tag.

Wir ahnten nicht, dass sein Trotz ihn noch seine Nieren, einen Finger, ein Bein kosten würde, viele Jahre später. Und dass derselbe Trotz ihn noch retten sollte, irgendwann aber reiner Überlebenswille heißen würde. Das alles wussten wir nicht, wir waren trotzig wütend aufeinander. Und blieben es, bis wir es eben nicht mehr waren, denn unsere Freundschaft war stets sturer als unsere Reibereien.

ERSTES KAPITEL
AM ANFANG WAR DER TROTZ

Keiner weiß, wie unfassbar schlecht gelaunt Gott an dem Tag gewesen ist, als er missmutig zwei seiner Knetfiguren in einen Fantasiegarten verbannte. Gottheiten werfen generell die große Frage auf: Woher diese Bart-Obsession? Woher die sadistische Ader? Und was unterscheidet sie eigentlich von Diktatoren? Und was war vor Gott? Wer hat das Licht ausgeknipst, bevor Gott es mühselig am ersten Tag wieder anmachen musste? Hatte er Angst im Dunkeln? War er sehr allein?

Angst kann lähmend, aber auch fruchtbar sein. In diesem Falle wurde aus Angst Licht, aus Überforderung Materie, aus Nichts süße Höhlentiere, und schließlich schuf Gott sich ein Ebenbild, weil er nicht daran gedacht hatte, Spiegel zu erschaffen.

Für Gottheiten und Menschen gilt gleichermaßen: Sich selbst zu realistisch zu sehen, ist quasi unmöglich. Gott behauptet in seinen Flugblättern seit Jahrtausenden zwar gern, er sei der Ursprung von so ungefähr allem, aber wenn wir ehrlich sind, wer würde nicht stolz darauf sein, sich und ein ganzes Universum neu zu erschaffen, nichts ist tapferer als die Emanzipation von Umständen, Angst, Dunkelheit.

Und auch Gott ahnte das. Selbst als er Murmeltiere und Biber und Bier erschuf und Sterne ans Firmament hängte, nagte der Zweifel an ihm: Was, wenn seine Ebenbilder nicht an ihn glauben würden? Was, wenn NIEMAND an ihn glauben würde?

Am Freitagabend, als Gott Fische und Gefieder erschuf, fasste der Schöpfer schließlich den Entschluss: Er würde es anders als seine Eltern, diese ewigen Übergötter, machen. Er würde Ebenbilder schaffen, und sie, das war der Clou, mit einem freien Willen ausstatten. Unabhängige, frierende Mini-Mes, fehlbare Klone, ein mannigfaches Spiegelbild seiner selbst, zersplittert in verschieden glitzernde Persönlichkeitsscherben.

Ein fast wissenschaftliches Experiment, und ein trotziges: Anstatt sich mit einer Nicht-Welt in der Dunkelheit anzufreunden wie seine Eltern, oder was halt vor ihm war, wollte er wissen, ob er wirklich und aus freien Stücken liebenswert war. Fast gerührt beobachtete er seine Prototypen, und wie jeder Mensch, der zum ersten Mal Vater wird, war er sehr nervös.

Vor allem die antiautoritäre Idee mit diesem freien Willen hinterfragte er in der Nacht vom fünften auf den sechsten Tag, noch gab es keine Maria Montessori oder sonst eine Menschenseele, die ihn in seinem Vorhaben, Kinder zu zeugen und die Welt selbstbestimmt zu entdecken, bestärken konnte.

Hat es Sinn, sich so etwas wie Zeit und Raum auszudenken, so etwas wie Kinder in die Welt zu setzen? Ist es das wirklich wert? Was, wenn sich ebenjene Kinder am Ende zu Pharma-Lobbyisten oder Scheidungsanwältinnen entwickeln, oder noch schlimmer: aus lauter Vaterhass den Atheismus begründen?

Egal, dachte sich Gott in einem mutigen Moment am ersten von vielen letzten Tagen, und dann schuf er das Paradies und Adam, den ersten seiner Sprösslinge. Nervös rauchte er eine Zigarette und war froh, die Flora schon gleich zu Beginn erfunden zu haben. Er war aufgeregt, weil Adam ihm tatsächlich ziemlich ähnlich sah, und weil er im Flow war, erschuf er zwischendurch Kokain, schaute sich selbstzufrieden sein erstes Menschlein an und designte, als er schon viel zu high war, aus einer der Rippen Adams eine sogenannte Frau, damit Adam nicht so allein war.

An jenem Abend lernte auch Gott, dass er immer einsam gewesen war, dass niemand ihm eine Begleiterin getöpfert hatte und dass Gefühle immer Berechtigung, aber nicht immer recht haben. Und dann wurde es Nacht, Gott schlief erschöpft ein und erfand am nächsten Morgen – schlimm verkatert – konsequenterweise den Ruhetag, drehte sich nochmal um, und wollte nichts mehr von seinen Erfindungen wissen. Haltet die Schnauze, sagte Gott, am Sonntag hält man die Fresse und schaut Netflix, wir sprechen am Montag wieder. Aber da war es bereits zu spät: Da waren Adam und Eva schon verwirrt aufgewacht aus der Nichtexistenz und bestaunten sich und erkannten, dass sie nackt waren, und entdeckten, dass sie geil aufeinander waren.

Sie fanden heraus, dass alle Tiere Freunde waren und das Paradies ihnen gehörte, und wenn sie besonders kinky drauf waren, hielten sie sich Ahornblätter vor die Scham, obwohl sie von so etwas wie Scham noch lange nichts ahnen sollten.

Am zehnten Tag erschuf Gott gar nichts, sondern stalkte seine ersten beiden Menschen. Und weil das Universum und seine Kindheit dunkel waren und ihm sehr langweilig, dachte er sich irgendwelche Verbote aus: Alles dürfe man, sagte er Adam, außer von einem gaaanz bestimmten Apfelbaum zu essen, because fuck you, that's why.

Aber weil Gott vergessen hatte, die Sprache zu erfinden, verstand Adam ihn nicht, nickte nur freundlich gen Himmel und zeigte Eva, was er an ebenjenem Tag entdeckt hatte: Cunnilingus und Sauerteig.

Das fand Eva zwar gut, aber es reichte ihr nicht. Denn was Gott übersehen hatte: Um ein echter Mensch zu sein, muss man gierig sein. Nie darf einem so etwas Banales wie das ganze Glück der Erde oder ein lapidares Paradies ausreichen. Immer muss man denken, dass es irgendwo noch etwas Besseres gibt, dass da doch noch mehr sein muss als so eine selbstzufriedene Verdammnis zur Monogamie und zu einem erdengroßen Gnadenhof.

Die meisten Menschen, die unglücklich sind, auch heute noch, wissen nicht, dass sie nur nach einer Möglichkeit zum Ausbrechen suchen. Tatsächlich ist der Menschheit das Glück längst nicht so wichtig wie die

Suche danach. Es gibt kein Endziel für alles, was aus Versehen zum Bewusstsein verdammt wurde, es gibt Zwischenziele und Sehnsüchte, konkrete und neblige. Eva war die Erste, die ahnte, dass so etwas wie unendliches Glück niemals ausreichen würde für so etwas wie unendliches Glück.

Also erfand Eva das, zu dem Adam und sein Erschaffer zu bequem waren: die Unzufriedenheit. Die Neugier. Die Risikobereitschaft.

Schön war das Paradies, schön war ihr Mann, schön war alles, aber was bedeutet schön schon, wenn man so etwas wie Hässlichkeit nicht mal erahnen kann? Eva wusste nichts von Habgier, von Egoismus, von Trotz. Sie hatte keinen Grund sich zu beschweren, alles war super, jeden Tag schien die Sonne, sie und ihr Mann hatten einen wirklich hübschen Garten. Unendlich träge floss die Ewigkeit dahin.

Und so war es eine Frau, die auch noch die Langeweile entdeckte, die erste Anthropologin, sie beobachtete sich von außen, befand die Gesamtsituation als gnadenlos öde und sorgte damit für den Rausschmiss der Menschheit aus dem Paradies, für Bewusstwerden und folglich jeden Fortschritt, dem wir bis heute hinterherjagen.

Und weil sie die Erste aller vernünftigen Frauen war, sah sie nicht ein, warum sie sich einen Apfel verbieten lassen sollte, denn gesunde Ernährung war schließlich wichtig. Dann kam auch noch diese Schlange, sie roch mit der Zunge und hatte keine Hände und lispelte heftig, als sie Eva altklug erklärte, dass sie ruhig von diesem einen Baum essen könne. Und weil Eva keine Lust mehr auf das Gezische der Schlange hatte und von Verboten eh nichts hielt, reagierte sie nicht, wie Gott das so geplant hatte, mit blindem Gehorsam, sondern mit einem Gefühl, das gerade für Frauen bis heute nicht vorgesehen ist: Trotz.

Noch immer übrigens bildet sich die Menschheit sehr viel darauf ein, die Spitze der Schöpfung zu sein, aber hätte Gott sein Verbot damals wirklich ernst gemeint, hätte er halt ein extrem futuristisches Ufo schicken sollen, irgendwas Beeindruckendes, nicht ein altkluges Kriechtier. Eva also pflückte den Apfel, und dann gab sie Adam etwas davon ab, weil sie die erste sozial denkende Bewohnerin dieser unserer Erde war.

Warum hat Eva das getan? Wenn ihr doch mindestens ein Paradies für immer offen stand? Das werden wir nie wissen. Denn Trotz braucht keine Rechtfertigung, keinen moralischen Überbau oder gar eine Gottheit. Im Gegenteil: Trotz ist das Menschlichste auf der Welt. Ungerichtet, undiplomatisch, geboren aus dem Widerstand. Ein Initialmoment, ein Zufallsfunken. An einem jener unendlich vielen sonnigen Tage im Paradies blieb Adam brav, und eine Frau erschuf trotzig: die Realität.

UND JETZT?

Es gibt viele Dinge, die uns das Leben schwer machen können. Ob es persönliche Probleme, gesellschaftliche Herausforderungen, unsichere Götter oder politische

Krisen sind: Es gibt immer Gründe, um aufzugeben und den Kopf in den Sand zu stecken. Alles hinnehmen, ergeben und gesetzestreu entlang der vorsichtig gestrichelten Schicksalslinie unser Leben mit einem Schulterzucken an uns vorbeiziehen lassen. Uns unglücklich bis zum Grab seufzen ist bequemer als sich aufbäumen. Warum das Risiko eingehen, dass alles nur noch schlimmer wird? Und ist es nicht unangemessen, sich als kleiner, redender Haufen Universumsstaub gegen so etwas Mächtiges wie das Gegebene zu erheben?

Und doch, immer wieder stampft eine von uns trotzig auf, schon immer und für alle Zeiten wird es den Moment geben, wo müde Augen plötzlich wütend blinzeln und beschließen: Ne, nicht mit mir!

Doch was passiert eigentlich in der Sekunde, in der wir uns dem trotzigen Geist hingeben und uns entscheiden, trotz allem weiterzumachen?

Trotz ist ein interessantes Phänomen. Es ist eine Art Widerstand gegenüber der Realität und den Widrigkeiten, die uns im Leben begegnen. Es ist die Entscheidung, nicht aufzugeben und sich nicht von den Umständen unterkriegen zu lassen. Trotz ist also eine Form der Selbstbehauptung.

Der Trotz behauptet frech: so nicht. Das muss besser gehen. Da muss doch noch mehr sein. Und ist damit Wegbereiter für den Fortschritt. Kein Bock, dem Mammut hinterherzujagen: Der Mensch erfindet die Landwirtschaft. Kein Bock, drei Tage zu brauchen, um die Schwiegereltern zu besuchen: Der Mensch erfindet die Dampfmaschine, den Feminismus, die Gleichberechtigung, er bäumt sich auf gegen all das Gegebene und stürzt sich waghalsig in die Möglichkeit.

Unzufrieden cancelt der Trotz den Indikativ und verliebt sich in den Konjunktiv. Alles ist schließlich möglich, und das immer Dagewesene verblasst beige neben dem Widerwillen, der menschlichsten aller Eigenschaften: der Arroganz anzunehmen, man könne sich die Welt machen, wie sie einem gefällt. Und so kamen wir an Pippi Langstrumpf und ein weiteres Exemplar, den Dogmatismus.

Denn Trotz hat auch eine dunkle Seite. Er ist Yin und Yang, Fortschrittsbereiter und Starrsinn. Je nach Gusto, Prägung, Persönlichkeit verteilt er entweder tapfer Flugblätter gegen den Nationalsozialismus oder aber verkeilt sich, wird zur Bremse und endet in entschlossener Ignoranz und der Haltung, dass sich nichts verändern darf, weil es halt immer schon so war.

Dann wird Trotz toxisch und Betroffene werden verbittert, schütteln viel den Kopf und gründen Selbsthilfegruppen mit anderen Leidtragenden, nennen diese irgendwann CSU und bekräftigen andere darin, ihrem rückwärtsgewandten Weltbild zu folgen.

Wer sich zu sehr auf seinen trotzigen Geist verlässt, manövriert sich in eine Art mentale Unbeweglichkeit. Wir können in unserem Trotz gefangen sein und uns nicht mehr von unseren Überzeugungen und Ansichten lösen. Das kann zu einer Form von Sturheit führen, die uns daran hindert, neue Erfahrungen und Erkenntnisse zu sammeln. Trotz kann zu mächtig werden, dann erstickt er die Neugier, die Weltoffenheit, die Hoffnung und die gelassene Gutmütigkeit gegenüber allem Fremden.

Trotz ist also ein zweischneidiges Schwert. Es kann uns helfen, schwierige Zeiten zu überstehen, und uns stärken, aber es kann uns auch blind machen und uns daran hindern, uns weiterzuentwickeln. Die Kunst besteht also darin, Trotz als Werkzeug zu nutzen, aber nicht von ihm abhängig zu werden.

Letztlich ist Trotz eine Wahl, die wir, im besten Falle, bewusst treffen können. Trotz bedeutet: Risiko. Er kann uns antreiben oder bremsen, er ist nie ein Garant, immer impulsiv und nie eine sichere Anlage. Wenn wir uns, falls das überhaupt so möglich ist, für den Trotz entscheiden, muss uns klar sein, dass er uns stärken und schwächen kann. Aus Trotz kann man Kopftücher abwerfen und rebellieren, das Studium abbrechen, sich im Bus nach vorne setzen und sitzen bleiben, auch wenn das illegal ist. Auf die Gerechtigkeit der Gesetzgebung war noch nie Verlass, auf den Trotz: meistens.

Im besten Falle sorgt der Trotz also dafür, gegebene Strukturen nur als mangelhaftes Provisorium zu verstehen. Und während die Realität sich wichtigmacht, begreift das selbstbestimmte Individuum mit intrinsischem Wertesystem ebenjene Wirklichkeit nur als groben, ausbaufähigen Vorschlag.

Nur der Trotz schafft es, das scheinbar Gottgegebene, immer schon so Gewesene, in Stein Gehauene durch Fantasie und Optimismus zu erweichen: Und so schmilzt der Stein, und die Zukunft wird zum waghalsigen Töpferkurs hoffnungsvoller Pioniere.

So hat sich der Mensch die Welt erschlossen. Von Afrika aus weitergewandert, sich trotzig den Unmöglichkeiten widersetzt, Zivilisation im ewigen Eis gegründet, das James-Webb-Teleskop erbaut, weil da draußen immer noch mehr sein könnte.

In der Welt von heute, wo die Zukunft unsicher ist und Veränderungen schnell eintreten, ist Trotz wichtiger denn je. Dieser Satz ist sehr dumm und sinnlos, ich lasse ihn trotzdem stehen. Tatsächlich war die Zukunft noch nie sicher, und Veränderungen treten halt immer nie oder schnell ein. Egal. Zurück zum Thema: Trotz ist also die Fähigkeit, sich den Herausforderungen des Lebens zu stellen und nicht aufzugeben, auch wenn es schwierig wird. Neue Kontinente zu entdecken. Gott abzuschütteln. Alle Kontinente als Menschheit zu beherrschen, den Selbsthass in den Griff zu kriegen, weil man die anderen auf den Kontinenten jahrhundertelang unterdrückt und auch sonst genügend Gründe hat für Selbsthass. Insgesamt als Spezies die kalte Wissenschaft vor die Vorstellung eines gut gelaunten Urvaters zu stellen.

Es gibt viele Dinge, die uns entmutigen können, aber der Trotz kann helfen, unsere Ziele und Träume zu erreichen. *Space is the final frontier*, das Universum die letzte Grenze, behauptet das Star-Trek-Intro, aber das stimmt natürlich nicht: Es gibt nur eine Grenze für uns als Menschheit, und sie verläuft genau dort, wo der letzte unserer Art sich nicht mehr aufbäumt, sondern sich erschlafft und saturiert mit der Gesamtsituation abfindet.

Im besten Falle besiedeln wir irgendwann fremde Galaxien, vielleicht finden wir auch da jemanden zum

Unterdrücken und besiegen die Endlichkeit. Liebe für immer und intergalaktische Ehen. Oder aber der Trotz zwingt uns in die Knie, wird höhnisch und freundet sich mit dem Zynismus an. Dann vernichten wir uns als Spezies halt selbst. Dann kommt eben nach uns die Sintflut. Dann endlich kriegen wir die Bestätigung dafür, was der Trotz sein Leben lang behauptet hat: dass wir uns schon immer zuwider waren, als Person, als Liebende, als Spezies. Dass wir die Vernichtung verdient haben.

Der Trotz ist so dramatisch drauf. Aber er hat damit nicht recht. Irgendwo zwischen Triumph und Selbstaufgabe sind wir fehlbare, aber eigentlich ganz liebenswerte Menschlein. Und wir sollten als solche trotzig genug sein, dem Trotz nicht die Entscheidung über unser Leben und Glück zu überlassen, sondern ihn hintergehen, nutzen und schätzen. Am Ende ist Trotz eine Eigenschaft, genau wie straßenköterblonde Intimbehaarung oder ein übersteigertes Geltungsbedürfnis. Und wie immer, wie anstrengend, liegt es an uns, diese zu nutzen.

Wie das gelingen kann, kann auch dieses Buch (wahrscheinlich) nicht beantworten. Trotzdem: Es ist ein Versuch, das pubertäre Image des Trotzes zu hinterfragen und ihn als Chance zu verstehen, in einer Welt, in der wir ihn vielleicht dringender brauchen als je zuvor. In einer Welt, in der Trotz darüber entscheiden könnte, wie lange und in welcher Form es diese überhaupt noch geben wird.

ZWEITES KAPITEL
DER STUMME UND
DER LAUTE TROTZ

SITZEN GEBLIEBEN

Genau einen Tag, bevor Robert Lembke am 2. Januar 1955 zum ersten Mal das Ratespiel *Was bin ich?* im deutschen Fernsehen moderierte, war eine Angestellte sehr, sehr müde. Müde von den ungewöhnlich hohen Temperaturen, 25 Grad, die die Straßen selbst im Winter aufheizten, erschöpft von ihrem Job als Schneiderin, und in Gedanken sicherlich schon mindestens beim Abendessen mag sie gewesen sein, als sie sich auf ihren Sitzplatz fallen ließ.

Vielleicht dachte sie darüber nach, ob sie zu Hause noch Maismehl hatte, an die ungewöhnlich nette neue Kollegin, an Unrecht, an Schönes, vielleicht überprüfte sie geistesabwesend ihre Frisur, als jemand sie schroff anfuhr, ob sie sich wohl umsetzen könne.

Schließlich sei dieser Platz für Bahn-Bonus-Kunden jener Zeit reserviert, was schlicht bedeutete: Weiße.

Und noch bevor Robert Lembke Deutschland zum ersten Mal die Frage stellen würde: »Was bin ich?«, konnte eine Schwarze Frau, Zehntausende Meilen entfernt, ebenjene Frage mit einer simplen Verweigerung trotzig beantworten: Sie blieb sitzen, wie so ein Mensch, ließ sich nicht von einem weißen Arschloch beeindrucken, das sie schmallippig auf das Gesetz hinwies und herumquengelte, sie müsse ihren Platz für weiße Mitbürger räumen.

Rosa Parks aber hatte kein Gesetz gebrochen, nicht einmal ein so unsinniges, so menschenverachtendes wie das Rassentrennungsgesetz in Bussen im Alabama jener Zeit. Sie verhielt sich völlig gesetzeskonform, als sich der Bus plötzlich mit Passanten füllte, denn sie saß dort, wo es in Bussen für »Afroamerikaner« gesetzlich vorgesehen war: in der fünften Reihe. Die ersten vier waren für Schwarze tabu, zumindest so lange, bis ein Weißer den Bus betrat.

Niemand wird je wissen, was Mrs Parks Weigerung, sich umzusetzen, initiiert hatte: ein intaktes Wertesystem? Die Erschöpfung? Ein Unrechtsbewusstsein, Zivilcourage oder schlicht zu lange unterdrückte Wut auf unfaire und menschenverachtende Strukturen? Vielleicht eine Mischung aus alledem oder auch eine völlig andere intrinsische Motivation, und für die historischen Konsequenzen dieser Verweigerung ist dies auch völlig egal: Denn in dem Moment, als Rosa Parks eben nicht aufstand, sondern trotzig sitzen blieb, veränderte sie die Welt. Brachte mit einem Kopfschütteln eine Lawine ins Rollen.

Von da an moderierte Robert Lembke jede Woche, dreihundertsiebenunddreißig Mal insgesamt, die Sendung *Was bin ich?*. Das aus vier Personen bestehende Rateteam musste sieben Berufe erraten. Das schaffte es manchmal und manchmal nicht, aber es unterhielt die BRD jahrzehntelang. Denn Berufe kann man erraten, für Berufe braucht man eine Ausbildung. Nach Berufung hat nie jemand gefragt. Man entscheidet sich nicht dafür, manchmal reicht es einfach, im alles entscheidenden Moment sitzen zu bleiben. Und so wurde aus Rosa Parks, einer Schneiderin aus Montgomery, eine der bedeutendsten Bürgerrechtsaktivistinnen der Moderne.

Rosa Parks stellte damals, durch eine einfache Verweigerung, ein ganzes System in Frage. Aber nicht jeder muss gleich eine Revolution anzetteln, um vom Prinzip Trotz profitieren zu können. Selbstbehauptung etwa, die Streber-Schwester des ungestümen Trotzes, liefert einleuchtende Argumente: Wer für sich selbst einsteht, verhandelt ein höheres Gehalt, lässt sich nicht von toxischen Partnerinnen unterkriegen und erschafft ein erdbebensicheres Wertegerüst, das sich von so etwas wie Witterungen und widrigen Umständen nicht umhauen lässt. Auf diese Steine kann man bauen.

Der Trotz allerdings ist unberechenbar, voller Energie und Wut und Tatendrang und GEFÜHLE, gleichzeitig aber auch: ziemlich ziellos in seiner Aggression. Und so richtet sich unser Trotz oft gegen die Falschen, und das Lieblingsziel des Trotzes sind oftmals: wir selbst.

Dann redet er uns ein, wir seien eh nicht liebenswert,

und sucht auf der Festplatte unseres Lebens nach den schlimmsten Fehlentscheidungen und krakeelt: Hab ich doch gesagt, du bist ein Opfer, lass es einfach, vertrau niemandem, wage nichts.

Die schlechte Nachricht: Dieses Buch wird diese Stimme nicht verstummen lassen. Die gute Nachricht: Wenn der Selbsthass schon so mächtig ist, dass er es schafft, dass man sich selbst so fertig macht; wenn er so viel Energie dafür aufbringt, sich selbst im Wege zu stehen: Wie viel kann er dann wohl schaffen, wenn man ihn in eine andere Richtung weist? Ihm ein produktives Ziel zeigt?

Unser aller Trotzkopf ist schwer erziehbar, bockig, oft kontraproduktiv. Wenn wir ihn aber ernst nehmen, hinterfragen, und die Ängste erkennen, die er oft zu verschleiern versucht, kann er zu innerer Stärke werden, wir können an ihm wachsen. Wer den eigenen Trotz versteht, versteht sich selbst, schafft die Grundlage für Mitgefühl mit anderen, erkennt Ungerechtigkeiten leichter und schafft die Grundvoraussetzung für Veränderung. Im Kleinen und im Großen.

Und obwohl die einfache Weigerung Parks' weniger Worte bedurfte und sie sich, so vermute ich einfach mal naiv, über die historischen Konsequenzen ihres Protests wohl kaum im Klaren war, bewies sie damit: Der Trotz klingt nicht immer nach Großdemo und Aufschrei. Manchmal kommt er ganz unscheinbar daher und tritt etwas los, mit dem er vielleicht selbst nicht gerechnet hat. Rosa Parks' Trotzmoment war impulsiv, leise, verweigernd.

Manchmal aber ist der Trotz lauter, und die Reaktion darauf ebenso. Und im Gegensatz zu Parks habe ich in meinem Leben eher die Erfahrung gemacht, häufig echt danebenzuliegen.

Meine trotzigen Ausfälle werden keine Geschichtsbücher füllen. Aber was der einen Qualität, ist der anderen Lautstärke.

Der Moment des Trotzes, des Sich-unverstanden-Fühlens und Sich-auflehnen-Wollens mag sich, und auch das ist nur eine wilde Vermutung, für die meisten Menschen ähnlich anfühlen. Vielleicht habe ich mich in Momenten sogar zivilcouragiert gefühlt, in denen einmischen überhaupt nicht angemessen war. Dem Impuls sind die Konsequenzen ja erst einmal egal.

Und so verpasse ich gern den Moment, in dem ich durch eine Verweigerung den Lauf der Geschichte verändere. Mein Trotz ist noch in Ausbildung, und manchmal schnappt er nach den Falschen. Verantwortung übernehmen muss dann trotzdem ich:

Im Frühjahr 2015, ich war 22, veröffentlichte ich in einer der größten Sonntagszeitungen des Landes einen Artikel, der mein Leben für immer veränderte. Der Artikel war nicht besonders lang, nicht besonders genial und – wie ich damals dachte – nicht besonders provokant. Es war die zweite oder dritte Kolumne, die ich überhaupt jemals veröffentlicht hatte. Aber von so etwas wie keine Ahnung haben ließ ich mich nicht aufhalten.

Ich weiß noch, wie die Abendsonne orange durch das Erkerfenster meines WG-Zimmers schien, als ich ihn im

Schneidersitz auf der fleckigen Matratze, die ich damals großzügig Bett nannte, runtertippte. Und obwohl ich mir in den darauffolgenden Wochen geschworen hatte, diesen Artikel nie wieder zu erwähnen, muss er hier erwähnt werden. Inhaltlich ist der Artikel eigentlich zu vernachlässigen, wichtig ist aber dennoch: In dem Text mochte ein cleverer Ursprungsgedanke stecken, aber ich hatte mir anscheinend beim Schreiben jede Mühe gegeben, diesen hinter missverständlichen Sätzen und lautem Gepolter zu verstecken. Was als Plädoyer für weibliche Selbstbestimmung gedacht war und den damals aktuellen Netzfeminismus aufs Korn nehmen wollte, wurde zum Politikum. Was auch nicht nur ein Wunder ist, standen in meinem Text halt auch ziemlich naive Sätze wie:

»Ich habe einfach selbst noch nie erlebt, dass Frausein ein Nachteil ist.« Oder: »Wenn Firmen ihre Produkte mit nackten Frauen bewerben, halte ich das für gerechtfertigt, offensichtlich gibt es ja den Markt dazu.« Oder: »Ich glaube, dass das Einkommen keine Frage des Geschlechts ist, sondern ob man sich Geschlechterklischees entsprechend verhält.«

Sätze, die vielleicht etwas laut und vielleicht sogar etwas dumm waren. Und dass der Artikel Leserinnen aufstoßen könnte, war mir durchaus bewusst. Dass ein motivierter Redakteur mit der Wahl der Überschrift »Warum mich der Feminismus anekelt« mir keine Freunde machen würde, auch. Ich rechnete mit Gegenwind in Form einer sanften Brise.

Womit ich am Morgen nach Erscheinen des Textes nicht gerechnet hatte, war, von einem Anruf des Chefredakteurs geweckt zu werden, der mich fragte, ob ich Polizeischutz möchte.

Womit ich nicht gerechnet hatte, waren die Wellen an Hass, die mir entgegenschlugen. Womit ich nicht gerechnet hatte, waren Abende, an denen ich in Leipzig aus einer linken Kneipe geworfen wurde und fast von einer burschikosen, sehr wütenden Frau aufs Maul bekommen hätte.

Ich war Anfang zwanzig und in meinen Grundfesten erschüttert. Talkshows luden mich ein, CSU-Politiker gratulierten mir (was eigentlich fast so schlimm ist wie von einer burschikosen, sehr wütenden Frau aufs Maul zu kriegen). Ich ging in keine Talkshow. Ich reagierte nicht auf Tweets von Antifa-Punks, die vorschlugen, mich an der nächsten Laterne aufzuknüpfen.

Ich versteckte mich, schmierte Pausenbrote für das Kind meiner Mitbewohnerin und trauerte um die sorglose Ronja, die ich vor wenigen Tagen noch gewesen war. Berlin fühlte sich nach Spießrutenlauf an, das Internet sowieso, und beides waren die Orte, an denen ich mich immer zu Hause gefühlt hatte. Ich wurde plötzlich gehasst von der einen Seite und erhielt Beifall von der ganz falschen. Ich war nicht mehr junge Autorin, nicht mehr Leonard-Cohen-Fan, nicht mehr Mitbewohnerin, Studentin aus Hildesheim oder Chili-Saucen-Sammlerin: Ich war nur noch Projektionsfläche und lief Gefahr, auch für mich selbst, erdrückt von Zuschreibungen und Beleidigungen zu verschwinden. Mein sorgloses Dahinleben war vorbei.

Das war er also, mein Moment. Und er war schrecklich. Ich hatte kein Mitspracherecht mehr über meine Identität, diese beschlossen andere: TAZ-Kolumnen, Jurys, die mich aus nicht nachvollziehbaren Gründen für diesen Text mit Preisen schmücken wollten, längst vergessene Freunde, die sich plötzlich von mir abwandten.

Allein meine Eltern, die gerade Urlaub irgendwo in Südostasien machten, waren recht unbeeindruckt, der Empfang war schlecht, das Bild verwackelt, als ich ihnen begreiflich machen wollte, dass ich gerade in einer tiefen Krise steckte. »Ich kann so nicht mehr weitermachen«, brüllte ich in mein altersschwaches Samsung. Und meine Mutter brüllte zurück: »Ist ja lustig, gestern übrigens hat ein Bonobo-Affe den Kulturbeutel deines Vaters geklaut.« Dann zeigte die Kamera verschwommen etwas, das entweder ein Kulturbeutel, ein Fenster, ein Bonobo-Affe oder aber mein Vater sein sollte, und ich brüllte zurück, dass wir uns bald wieder sprechen würden, und legte auf. Ich war 22, stellte mein Handy auf Flugmodus und beschloss, dass jetzt eine gute Zeit sei, um mal alles zu überdenken, dramatisch viel Rauch gen Decke zu blasen und ganz vernünftig zu entscheiden, ob dies nun das Ende meiner 5-monatigen Karriere bedeuten sollte oder aber einen Neuanfang. Eine persönliche Zäsur war es so oder so.

»Das Gute« notierte ich mit Edding auf die Wand neben meinem Bett, weil eh schon alles egal war, schrieb »Das Schlechte« daneben und versuchte mich halbwegs zu sammeln.

Das Gute: Niemand wusste, wo ich wohnte. Das Gute:

Linksradikale Twitter-Morddrohungen machten mir keine Angst, sie nervten mehr. Das Gute: Meinen Eltern und besten Freunden war der Shitstorm egal, besser noch, sie hatten ihn gar nicht mitbekommen, weil kein vernünftiger Mensch Twitter hat, und im echten Leben verkehre ich ausschließlich mit vernünftigen Menschen. Das Schlechte: Mein journalistischer Ruf schien ruiniert. Ich war das Postergirl für einen Reaktionismus geworden, der doch eigentlich gar nicht meiner war. Meine Panikattacken waren wiedergekommen.

In dieser Zeit wuchs eine Art Trotz in mir, die im Rückblick wahrscheinlich überlebenswichtig gewesen war. Nein, auf gar keinen Fall wollte ich mich von so etwas Lächerlichem wie einem Shitstorm in die Knie zwingen lassen. Im Gegenteil, wenn es schon um mich tobte und mich auf einmal Menschen auf der Straße erkannten (und mit erkennen meine ich meistens: beleidigten), dann würde ich diese Aufmerksamkeitswelle halt nutzen. Diese sogenannten Karriereaussichten waren düster und ich beschloss, das als Freiheit zu betrachten. Ich schrieb einen Roman, ich verkaufte meine Kolumnen und machte ein Buch daraus. Wenige Wochen zuvor war ich für den renommierten Bachmann-Preis nominiert worden. Ich wusste, dass ich dort nicht beliebt sein würde, dass ich live im Fernsehen lesen musste und eine Jury über mich urteilen würde, die mir alles andere als wohlgesinnt war.

Ich packte mich in einen Panzer aus »mir alles scheißegal« ein, fuhr in einem massiv unsympathischen und saulauten geliehenen Porsche nach Klagenfurt und nannte den Text »Welt am Sonntag«. Mir war klar, dass ich keine Chance hatte zu gewinnen. Mir war aber auch klar: Verlieren machte mir nichts mehr aus. Es machte mir auch nichts mehr aus, als sich eine der Jurorinnen schlicht weigerte, überhaupt einen Kommentar zu meinem Text abzugeben. Mir machte gar nichts mehr was aus, weil ich das beschlossen hatte, zumindest redete ich mir das ein. Ich ging schwimmen im Wörther See, teilte mir mit zwei Freunden das Hotelzimmer, betrank mich mit Weißweinschorlen, blinzelte in die Sonne und war für einen Moment stolz auf mich.

Natürlich ist das eine Version der Dinge, die ich mir schöngeredet habe. Natürlich hinterlässt es Spuren, auch mittelfristig, einer solchen Hass-Breitseite ausgesetzt zu sein, gerade wenn man noch so jung ist. Und bestimmt ist es nicht gesund, dass ich mich, bis heute, nie mit den emotionalen Folgen dieser Ereignisse auseinandergesetzt habe. Aber: Ich weiß heute wahrscheinlich besser, wer ich bin, als noch vor dem Debakel. Ich weiß, was ich aushalten kann, und ich kann besser unterscheiden, was eigentlich scheißegal ist (Twitter) und was wirklich wichtig (in Seen zu springen). Der Trotz arbeitet nicht sauber, da ist nichts therapeutisch aufgearbeitet, aber: Dieses Mal hatte er mich gerettet.

Sich nicht kleinkriegen zu lassen ist die Essenz dieses Trotzes gewesen. Der Trotz nimmt eine mögliche Realität an, die noch in der Zukunft liegt, geht davon aus, dass diese erreichbar ist, und er erschafft sie dadurch. Das gilt für den Einzelnen, aber auch für ganze Bewegungen: den Arabischen Frühling etwa oder Anti-Diskriminierungsbewegungen. Manchmal ist dieses Aufbäumen von Erfolg gekrönt, manchmal scheitert es. Für den Trotzmoment ist dies aber egal. Er geht nicht von einem Scheitern aus oder davon, dass dieses mögliche Scheitern in Kauf zu nehmen ist, einfach weil der Status quo schlicht nicht zu ertragen ist.

DRITTES KAPITEL
DIE DUNKLE SEITE
DES TROTZES

ME, MYSELF AND TROTZ

Das Wasser des Sees war noch gefroren in dem Jahr, als ich das Schreiben verlernte. Ich saß auf dem Steg, knibbelte Splitter vom kalten Holz und zog Bilanz meines bisherigen Lebens. Das ist selten eine gute Idee, und leider hat man diese meist in Momenten, in denen es eine noch viel schlechtere Idee ist. Außerdem blieben mir zum Bilanzziehen nur zehn Minuten, dann musste ich in die Kunsttherapie. Dabei hatte mich, davon war ich überzeugt, diese sogenannte Kunst überhaupt erst in die Klinik gebracht. Neben mir lag ein Notizbuch voller Müll, und noch schlimmer als das Nicht-schreiben-Können war der Gedanke, wie unfassbar albern es ist zu sagen: »Ich kann nicht mehr schreiben.« Ich erinnerte mich an einen Satz, ich glaube von Sibylle Berg, die mal gesagt hat, sie habe keine Schreibblockaden, ein Bauarbeiter habe ja auch keine Bauarbeiter-Blockade.

Sinnkrisen sind das wohl privilegierteste Problem, das man so haben kann. Peinlich einfach. Dann macht man halt was anderes. Bauarbeiten zum Beispiel. Oder generell einfach einen richtigen Job annehmen. Aber »einfach irgendwas machen« ging nun mal nicht. Ich hatte es die Monate zuvor versucht. Erst schaffte ich es nicht mehr »einfach mal eine Kolumne« runterzureißen, dann schaffte ich es nicht mehr zu schlafen, dann schaffte ich es nicht mehr aufzustehen und blieb einfach liegen. Die Tage zogen an mir vorbei, wurden zu Wochen, dann zu Monaten, wobei auf so etwas wie die Zeit schon lang kein Verlass mehr war. Manchmal vergingen die Minuten im Stundentakt, dann wieder war schon wieder ein Monat rum. Was genau ich währenddessen gemacht habe, ist mir bis heute schleierhaft. Schlimme Phasen verdränge ich, vielleicht ist das auch gut so, ähnlich wie Geburtsamnesien, ein geschickter Zug der Evolution, damit man sich diesen Wahnsinn mehr als einmal antut.

Am Anfang der schlimmen Zeit hatte ich noch ab und an meinen Computer aufgeklappt und lose Anfänge geschrieben für einen Roman, dessen Entstehen immer unwahrscheinlicher schien. Nicht-schreiben-Können ist natürlich Blödsinn, jeder Affe kann tippen, aber mir fehlte es an Ideen, an Mut, eigentlich an allem.

Wenn jede Idee von einem inneren Kritiker schon im Entstehen als Bullshit verurteilt wird, schreibt man nichts auf. Ich ließ mir rückblickend eigentlich gar nicht die Chance, irgendetwas entstehen zu lassen. Wobei rückblickend falsch ist: Ich bin noch immer genau so. Es hatte ja nie an der fehlenden Erkenntnis gelegen, mir waren meine Verhaltensmuster durchaus bewusst. Nur die Brücke zwischen Erkenntnisgewinn und Handeln zu schlagen, schien mir unmöglich zu sein.

Und wenn ich schon nicht arbeiten konnte, wollte ich mir auch sonst nichts gönnen. Ich reagierte nicht mehr auf Anrufe, ich aß selten und wenn, dann irgendwas, das man sich billig liefern lassen konnte, und dachte vor Pathos triefende Gedanken wie »mal sehen, was schneller zu Ende ist, mein Geld oder mein Leben«. Es ist ja eh ein großer Irrtum, dass Depression das Privileg der Klugen ist, ich zumindest war sehr dumm und sehr depressiv gleichzeitig.

Der Gedanke »entweder nichts oder was Gutes schaffen« ist mir nicht fremd. Ich habe schon als Kind die meisten Bilder, die ich gemalt habe, weggeworfen. Gelang mir etwas nicht sofort, habe ich aufgegeben. Tu ich immer noch. Mit zwölf kam ich durch Zufall an eine Rolle in einem Theaterstück an der Deutschen Oper Berlin. In der Mittagspause durfte ich jeden Tag Döner essen. Nach vier Wochen waren die Aufführungen durch und ich wusste, dass ich ans Theater wollte. Beworben an Schauspielschulen habe ich mich aber nie, weil ich nicht davon ausging, dass mich jemals jemand nehmen würde. Andere, das waren viele, und jeder, davon ging ich aus, deutlich geeigneter und begabter als ich. Ich schrieb mich für Theaterwissenschaft an der LMU ein und war selbstverständlich unglücklich mit meinem theoretischen Studiengang. Dass ich überhaupt zum

Schreiben kam, lag, wieder mal, an Martin, der sich an der Uni Hildesheim durchsetzen konnte und einen der begehrten Studienplätze im Fach »Kreatives Schreiben und Kulturjournalismus« ergatterte. Ein Jahr später bewarb ich mich, nur um ihm folgen zu können. Mein damaliger Freund überredete mich, mich außerdem an zwei Filmhochschulen für »Drehbuch« zu bewerben.

Nur, weil ich das große Glück hatte, dass andere an mich glaubten, fing ich überhaupt irgendwas an. Ich wurde an allen drei Schulen in die zweite Runde eingeladen und an zweien zum Studium zugelassen. Wäre dies nicht der Fall gewesen, würde ich wahrscheinlich immer noch genauso trotzig wie unglücklich in einem WG-Zimmer in München herumliegen.

Heute liege ich stattdessen sehr oft nachts wach und denke an all das, was ich nicht geschafft habe. All die Chancen, die ich mir durch meinen internalisierten Trotz verunmöglicht habe, einfach weil irgendeine vorlaute Instanz in mir automatisch davon ausgeht, dass ich es sowieso nicht schaffe. Was nicht schaffe? Egal was. Wenn die Reaktion auf Herausforderungen und Dinge außerhalb der Komfortzone immer sofort Verweigerung ist, kommt man nicht weiter. Trotz hieß damals für mich auch: verharren. Stillstand. Kein Risiko eingehen. So geht es wahrscheinlich vielen. Warum sollte man auch etwas Neues wagen, wenn man sowieso nicht davon ausgeht, dass es klappen könnte? Auf Selbstzweifel zu reagieren kann entweder bedeuten, es trotzdem zu versuchen, oder aber, sich – genauso trotzig – komplett zu verweigern. Dann wird es infantil. Alles Neue ist Gefahr – ich lass es lieber ganz, ich schmeiße mich lieber auf den Boden, verschließe fest die Augen und hoffe, dass sich die Welt ganz ohne mein Zutun irgendwie zu meinem Vorteil verändert.

Es ist pures Glück, dass ich trotzdem so etwas wie eine Karriere auf die Reihe bekam. Auf anderen Feldern bin ich bis heute völlig unfähig, schlicht, weil ich denke, dass mir einfach »das Talent dazu fehlt«. Dabei ist das großer Unsinn, man braucht kein Talent, sondern YouTube, um die allermeisten Dinge zu erlernen.

Und obwohl ich zur Selbstständigkeit erzogen wurde, fällt es mir erstens schwer, mich in neue Felder einzufuchsen oder gar um Hilfe zu bitten, was dazu führte, dass ich die Gesamtausgabe Goethes unter den Abfluss meiner Küche stopfte und damit den Siphon festklemmte, als dieser ständig nach unten abrutschte. Und es führte dazu, dass sich meine Klamotten jahrelang auf dem Boden zu einem großen Haufen türmten, einfach weil ich den Aufbau eines IKEA-Schranks, der in einem Karton verstaubte, als völlig unmögliches Unterfangen betrachtete.

In meiner Studienzeit betrieb ich ein Blog, ab und zu notierte ich dort kleinere Geschichten und Beobachtungen. Eine Redakteurin der *Welt am Sonntag* wurde darauf aufmerksam – so kam ich an meinen ersten »Erwachsenenjob«. Ich selbst hätte es nie gewagt, mich auch nur auf ein Praktikum bei einer großen Zeitung zu bewerben. Für andere muss es albern klingen, aber für mich war selbst der Gedanke an die Word-Formatierung eines Bewerbungsschreibens so angsteinflößend, dass ich es gar nicht erst versuchte. Ich stand und stehe mir permanent selbst im Weg. Gleichzeitig war ich wütend, wütend auf mich und meine Unfähigkeit. Diese Wut aber nahm ich wie ein echter Profi und bewarf damit die Welt um mich herum, alle, für die so etwas wie Umzüge, Studienplanung und BAföG-Anträge eine Kleinigkeit zu sein schien.

Und je wütender ich wurde, desto trotziger wurde ich. Bis mir das Schicksal die Hand reichte und ich zu einer Freundin nach Berlin zog, den ersten Arbeitsvertrag in der Tasche. Einige Wochen später bot mir der Aufbau Verlag einen Buchvertrag an. Ich sollte meinen ersten Roman schreiben. Und in dem Moment, in dem ich wusste, dass ich NUR schreiben musste, etwas, von dem ich erfahren hatte, dass es machbar für mich war, war die Unsicherheit weg.

Plötzlich konnte ich von meinem Trotz, von der Wut, profitieren. Ich maß sie ab, ich goss sie in Kolumnen, in ebenjenem ersten Roman nahm sie die Gestalten von vier verbitterten Großstadt-Arschlöchern an, die sich immer weiter in den Zynismus flüchten. Bis einer weint. Am Ende war die eine ich. Für meinen Trotz wurde ich gefeiert und verrissen, beides machte mir Spaß. Hauptsache, etwas passierte.

Ich konnte mich benehmen wie das Klischee eines »alten weißen Mannes«, schließlich war ich eine junge Frau, und mein misanthropisches Weltbild funktionierte, weil Verbitterung einfach ist in einer Welt, die sich so wenig um die Einzelne schert und immer unübersichtlicher wird, der Grund, weshalb auch Hasskommentare und Clickbait-Artikel funktionieren: Man ist nicht allein mit seiner Verunsicherung, die Aufmerksamkeitsspanne wird immer kürzer, während die Lautstärke aufgedreht wird. Mich kurz zu fassen, wilde Thesen um mich zu werfen und das Ganze mit Pointen zu spicken, war die Königsklasse, und sie gelang mir spielend.

Während der innere Trotz stets ein Experte darin gewesen war, mich zu bremsen, peitschten mich die Zweifel, die andere an mir hatten, oft nach vorne. Woran liegt das? Braucht es für produktiven Trotz ein Außen, auf das man reagieren will? Wer mit sich hadert, tut dies im Stillen. Streitet mit sich im Stillen, verweigert sich im Stillen. Es braucht keine lauten Reaktionen, keine Aktionen. Stimmen von außen aber fordern einen Respons, der sich nur in Handlungen oder Worten ausdrücken lässt.

Den Hass von außen konnte ich vermeintlich einfach wegstecken, ich hatte meine Augen auf Zahlen, nicht auf Buchstaben gerichtet: Wie viele Aufrufe? Wie viele Retweets? Ein absoluter Wahnsinn, der nicht lange gut gehen konnte. Aber damals lief es gut. Viel zu gut. Den ersten Roman mochten die wenigsten Kritiker, mir war das halbwegs egal, zumindest redete ich mir das ein.

Als der Feminismus-Artikel-Shitstorm losging und ich schließlich in meinem geliehenen peinlichen Porsche zum Bachmann-Preis fuhr, hatte ich zwei Freunde dabei.

Auf dem Autobahnabschnitt zwischen Berlin und Leipzig beschleunigte ich das Fahrzeug auf 250 km/h, dann blieb keine Zeit mehr, auf den Tacho zu schauen, das Auto fing an zu schlingern, irgendjemand schrie. Im Hintergrund lief *Perfect Day* von Lou Reed. Dann verengte sich die Fahrbahn. Ich umklammerte das Steuerrad und ließ vom Gas ab, bremsen wäre zu gefährlich gewesen. Der Wagen fing sich, nichts war passiert, und beim nächsten Tankstopp wechselten wir die Fahrer.

In Klagenfurt angekommen, teilten wir uns zu dritt das kleine Hotelzimmer und fingen schon mittags an, Weißwein zu trinken. Alles ist schließlich angenehm egal, wenn man sich gleichzeitig für nichts UND für den nächsten Hunter S. Thompson hält.

Meine Eltern waren im Publikum, und Beela, unser Familienhund, war hochschwanger. Eine österreichische Humoristin saß einige Meter von mir entfernt draußen und schrieb über mich, während ich Beela streichelte. Ich fand alles, was um mich herum passierte, über die Maßen albern. Die Hoffnung, die andere in den Preis setzten, die aperolgeschwängerten Flirtversuche zwischen Lektoren und Literaturstudentinnen, das Wettschwimmen, den ganzen inzestuösen Habitus des sogenannten Literaturbetriebs. Ich sah mich nicht über all dem stehen, vielmehr fühlte ich mich wie ein Zaungast in einem Laientheater. Ich gewann dann also keinen der vier Preise, fuhr zurück nach Berlin und machte einfach weiter.

Der Trotz hatte mich, für meine Verhältnisse, weit gebracht, weiter, als ich es je für möglich gehalten hätte. Eventuell versteckte sich dahinter auch ein Lernprozess: Jedes Mal, wenn man Dinge »jetzt erst recht« tut, lernt das Gehirn auch, nicht immer sofort auf die Schnellstraße Richtung Verweigerung abzubiegen. Der Mensch ist einfacher gestrickt, als er sich das manchmal wünscht: Erst wenn Dinge erlebt werden, sind sie Erfahrungsschatz und Grundlage für künftige Entscheidungen. Es nützt nichts, alle möglichen Ausgänge durchzudenken, erst die Entscheidung für einen davon verankert sich in der Realität. Paradoxerweise verändert sich das eigene Verhalten meist dann, wenn man es selbst verändert. Man muss Dinge tun, damit es einfacher fällt, Dinge zu tun. Wer einmal gelernt hat, dass Trotz sich lohnt, dass die Angst nicht recht hat, dass nichts Weltbewegendes passiert, wenn man sich dem Konsens verweigert, wird es das nächste Mal vielleicht wieder tun.

Ich war keine Realistin, ich war Fatalistin, zum Teil vielleicht, weil sich Fatalismus für Anfang 20-Jährige gehört, zum Teil auch, weil ich mit dieser Einstellung ein kleines bisschen zu gut gefahren war. Nie hätte ich mir das Leben vorgestellt, das ich nun führte: Ich war verliebt, ab und zu schrieb ich, ich gab zu viel Geld für Restaurantbesuche und in Bars aus, ich ging auf Lesungen und fand sie mittel, ich lernte neue Leute kennen und fand sie mittel, und mich selbst fand ich genauso bescheuert wie alles andere, aber immerhin, redete ich mir ein, war mir das zumindest klar.

Immer eine Weißweinlänge Abstand hielt ich mich in der Umlaufbahn der Literaturszene auf. Nie fiel ich auf Lob oder Hass rein und hütete mich davor, das alles zu ernst zu nehmen. Das fiel mir ziemlich leicht, was kein Wunder ist im Nachhinein für jemanden, der sich selbst nicht ernst nimmt. Ich belächelte nicht nur den Zirkus, sondern auf schizophrene Weise auch immer meinen Auftritt in ebenjener Manege.

Den Widerstand auszuhalten zwischen der eigentlich sehr weichen Person, die ich war und bin, und dem Außenbild, schien mir ein okayer Preis für ein Leben zu sein, das frei war: Zum ersten Mal hatte ich genug Geld, um Freunde zum Essen einzuladen, um ein Taxi zu nehmen, wenn ich von Veranstaltungen und Lesungen flüchten wollte. Und flüchten wollte ich immer öfter, die Vehikel dazu konnte ich mir leisten: durchfeierte Nächte, neue Bekanntschaften, neue Artikel. Ich verkam zum Klischee, und ich wusste es.

Es ist intellektuelle Selbstbefriedigung, wirklich zu denken, man könne Teil eines Spiels sein, ohne mitzuspielen. Man ist nicht clever, nur weil man ein System durchschaut, wenn man gleichzeitig unter ihm leidet und trotzdem weitermacht. Das ahnte ich damals, und wenn ich es nicht ahnte, ahnte es die Gleichgültigkeit, die sich beigefarben immer weiter in mir ausbreitete. Gleichzeitig verbot ich mir meine sensible Seite in professionellem Umfeld.

An einem Sommertag bestellte ich den Ressortleiter einer anderen Zeitung zum türkischen Bäcker gegenüber meiner Wohnung. Er kam auf einem Longboard angefahren, wir einigten uns schnell, denn Effizienz konnte ich schließlich, ich verhandelte ein höheres Gehalt, als die Welt am Sonntag mir zahlte, und wechselte zu Zeit Online.

Mein, man könnte fast schon sagen: pubertärer Trotz wurde zu meinem ständigen Begleiter. Ich wurde zu Vorlesungen an meiner alten Universität eingeladen, wo ich vor ehemaligen Kommilitoninnen über meinen Werdegang schwafelte. Abends trafen wir uns alle in meiner alten WG, ich saß wie immer mit einem Astra auf dem Boden, und F. machte einen Witz darüber, wie ich mich als Alma Mater gebärdete. Ich hörte mir selbst dabei zu, wie ich von Literaturagenturen und Vorschüssen sprach. Es war mir selbst peinlich. Das Astra fühlte sich falsch an, die selbstgedrehten Zigaretten auch. Ich lästerte über den Medienbetrieb, von dem ich längst Teil geworden war, ich klang hohl und überheblich. Ich gehörte nicht mehr hier hin, dachte ich, und dann fuhr ich zurück nach Berlin und gehörte auch dort nirgendwo mehr hin.

In den folgenden Monaten wurde ich immer stummer. Die Hysterie um meine Person ebbte ab, und ich tat so, als wäre ich dankbar dafür. Ob ich das wirklich fühlte, keine Ahnung, jeden Bezug zu mir hatte ich unter einem Berg von Zynismus längst vergraben, und es erschien mir müßig, im Geröll nach so etwas wie Substanz zu buddeln.

Irgendwann hörte ich ganz auf zu schreiben. Keine Kolumnen mehr. Ich zog erste Konsequenzen: Das, was ich verachtete, wie etwa Twitter, vermied ich. Ich wurde für meine Verhältnisse sehr leise und zog mich zurück.

Ich ging seltener auf Lesungen und Events, wo man sich am Ende doch immer mit den gleichen Gesichtern aus dem Kulturbetrieb betrank. Die Redundanz des ganzen Theaters erschöpfte mich zunehmend.

Ich wollte mich kümmern. Um Freunde, um Familie, um mich. Aber ich hatte Demut längst verlernt. Das Kleine reichte nicht mehr, und zum Großen war ich nicht mehr in der Lage. Ich wollte einen zärtlichen Roman schreiben, aber sobald ich irgendwas ohne ironische Brechung schrieb, fühlte ich mich schmuddelig. Und schrieb ich etwas ironisch, kam mir das wiederum eklig vor. Ich sehnte mich nach Authentizität und verachtete alle, die dieses Wort auch nur in den Mund nahmen. Hochmütig und kleingeistig verwehrte ich jede Hilfestellung. Ich war 25, ich hatte zwei Bücher und unzählige Texte veröffentlicht, moderierte eine Kultursendung – und ich hatte das Gefühl, das Spiel durchgespielt zu haben. Alles wurde gleichgültig, eine Haltung, die ich mir nur leistete, weil noch genug Geld auf dem Konto herumlag. Ich wurde mir immer egaler. Die Trotz-Instanz in mir hatte nichts mehr, gegen das sie wettern konnte. Schließlich war ich nun das geworden, was sie immer vorhergesagt hatte: ein haderndes Häuflein Elend, ausgeschüttet auf einem MALM-IKEA-Bett, das nicht in der Lage dazu ist, auf E-Mails zu antworten oder seine Beziehung zu retten. Ich machte mir nicht mehr die Mühe, mein Handy zu laden. Ich weinte viel und verbrachte ansonsten die Zeit damit, erschöpft auf dem Boden in Richtung Toilette zu robben. Eine Freundin kam irgendwann vorbei, schien selbst überfordert mit dem Rest von mir, den sie da vorfand, schloss sich kurz mit meiner Kindheitsfreundin, irgendwer organisierte einen Klinikplatz und der Mann, der zu der Zeit wohl schon mein Ex gewesen sein muss, holte mich ab und verfrachtete mich und einen Koffer in dem Jaguar X-Type, den ich mir ein Jahr zuvor aus unerfindlichen Gründen für 5000 Euro gekauft hatte.

Wir verließen die Stadtgrenze, alles wischte an mir vorbei, und irgendwann, als zahllose Getränke Hoffmanns und Discounter längst Boutiquen und Galerien abgelöst hatten, fiel mir ein, dass ich keine Unterwäsche eingepackt hatte. Wir hielten vor einem KiK irgendwo in Brandenburg, und ich kauerte weinend vor einem Wühltisch, weil ich mich nicht zwischen einem Multipack Slips in Schwarz oder gemustert entscheiden konnte.

Als ich in der Klinik ankam, wurde mir ein Zimmer im Erdgeschoss direkt neben der Aufnahmestation zugewiesen. Ein frisch bezogenes 90 cm breites Bett, ein kleines Bad, Schränke, ein Schreibtisch. Kein schlechtes Zimmer. Die ganze Klinik war nicht schlecht, was schlicht daran lag, dass es eine Privatklinik war und Deutschland ein kaputtes Zwei-Klassen-Gesundheitssystem fährt. Ich selbst war gesetzlich versichert und als Selbstzahlerin angemeldet, zu einem absurden Preis, von dem ich damals nichts ahnte.

Die Schwester (was für ein Begriff!), erklärte mir, dass man mein Gepäck durchsuchen werde. Anscheinend war die Klinik auch auf Suchtpatientinnen spezialisiert, und Tavor in Aspirin-Packungen nichts, mit dem man das Klinikpersonal noch überraschen konnte. Ich hatte weder Alkohol noch Drogen noch Tavor mit und überlegte kurz, ob das vielleicht ein Fehler gewesen sein könnte. Was, wenn man hier Patienten ohne ernsthaftes Substanzproblem gar nicht ernst nahm? Dann wurde ich allein gelassen und starrte auf den Schreibtisch. Auf diesem Schreibtisch musste der neue Roman entstehen. Der sanfte, der verzeihliche. Daran, und nur daran, würde ich meine Fortschritte in der Klinik bemessen. Ich würde so lange bleiben, bis ich diese sanfte Stimme gefunden hätte. Koste es, was es wolle, dachte ich, als ich noch keine Ahnung hatte, wie teuer so eine Privatklinik tatsächlich war.

Das Eis auf dem See war noch nicht komplett geschmolzen, als mir das Geld ausging, einige Wochen später. Ich hatte einiges gelernt: zum Beispiel, wie man Billard spielt, ein schottischer Manager, Diagnose Burnout, hatte mir das beigebracht. Ich hatte auch gelernt, dass sich gesetzliche Krankenkassen durch so etwas wie Notfälle nicht beeindrucken lassen, und dass man entweder verbeamtet oder reich sein muss, um sich hier so etwas wie ein Alkoholproblem leisten zu können. Ich hatte auch eine Prinzessin kennengelernt und einen Musiker. Ganz am Ende, als ich feststellte, dass ich pleite war, wurde mir noch die Demut vorgestellt. Ich verließ die Klinik, ohne das Schreiben wieder gelernt zu haben. Aber ich verließ die Klinik auch mit einer neu gewonnenen Zärtlichkeit für die hoffnungslosen Prinzessinnen und ausgebrannten Millionäre. Und ein bisschen auch mit einem Funken Zärtlichkeit für eine trotzige Ronja, die nicht mehr konnte, schon lang nicht mehr.

M., eine Freundin, holte mich ab aus der Klinik und fuhr mich zurück in meine Wohnung. Ob es mir denn besser gehe, fragte sie, und ich sagte, ja, viel besser, weil alles andere nur peinlich gewesen wäre. Wer gibt schon wahnsinnig viel Geld aus, um danach immer noch ratlos zu sein?

Sie setzte mich vor dem Haus ab, bot mir an, noch den Koffer mit hochzutragen, ich lehnte ab. Die Wohnungstür war nicht abgesperrt, eine halbe Umdrehung des Schlüssels reichte. Als wäre ich nie weggewesen.

Ich war nicht genesen oder gar glücklicher. Ich war pleite, ich war single, ich hatte keine Zeile geschrieben. Ratloser denn je starrte ich mein hässlich eingerichtetes Wohnzimmer an. Nie hätte mein Zynismus mehr recht gehabt als jetzt. Aber der innere Trotz triumphierte nicht, im Gegenteil. Es war ganz still. Im Kopf, in der Wohnung. Und dann wurde es irgendwo Frühling.

Irgendwann schrieb ich dieses zweite Buch. Ich musste mich dazu austricksen und einen Buchvertrag abschließen, ohne zu wissen, was für ein Buch ich schreiben würde. Ich brauche äußeren Druck, damit ich arbeite, das weiß ich mittlerweile. Lieber schleiche ich wochenlang um den Laptop herum und beschäftige mich damit, sämtliche Küchengeräte zu entkalken, als das zu tun, was eigentlich so dringend notwendig ist. Auch während ich diese Zeilen tippe, habe ich längst schon Deadlines eingerissen, das Buch soll in zwei Monaten erscheinen. Durchgetippte Nächte, schlaflose Vormittage und Panik als Reaktion, immer wieder. Ein selbstgemachter Wahnsinn. Trotz besserem Wissen komme ich jedes Mal wieder in diese Situation. Woran liegt das?

Der Psychologe Prof. Dr. Deuschle versucht es mir im Gespräch zu erklären. Er nennt Prokrastination und Perfektionismus als Beispiel für eine Art von Trotz, die sich gegen uns selbst richtet. Setze man sich selbst zu hohe Standards, schiebe man seine Aufgaben – allen Pflichten zum Trotz – immer weiter auf. Trotz richte sich dann gegen uns selbst, wenn wir uns selbst bestimmte Anforderungen, Regeln oder Erwartungen auferlegen, die möglicherweise unrealistisch oder zu hoch sind. In solchen Fällen könne Trotz eine Form von Selbstsabotage sein, die uns daran hindert, unsere Ziele zu erreichen.

Für mich übersetzt bedeutet das: Richtig, wenn ich gar nicht erst schreibe, schreibe ich zumindest auch nicht schlecht. Der beste Roman ist immer der im Kopf, nie der im Word-Dokument. Keiner schreibt schlechte Rezensionen über Unveröffentlichtes, nicht mal Niedergeschriebenes. Und deshalb bleibt der Text auch schön dort, wo er unantastbar ist: in der Möglichkeit, nicht in der schwarz auf weißen Realität.

Dabei macht das Vor-sich-her-Schieben natürlich keinen Spaß. Was von außen nach Chips essen und Serien schauen aussieht, fühlt sich nicht nach wohlverdienter Pause an, und im Kopf läuft ein ganz anderer Film als auf dem Bildschirm: Hilflos sieht man den Stunden beim Verrinnen zu, steigert sich nebenher immer weiter in den Gedanken rein, wie schwierig die vor einem liegende Aufgabe ist, aber sie ganz abzusagen scheint keine Option, außerdem würde ja auch das einen gewissen Mut erfordern. Also nimmt man sich vor: Um zwei fange ich an. Und wenn es fünf nach zwei ist, denkt man sich: Auch schon egal, dann fange ich um drei an. Oder morgen. Und es geht noch ein bisschen perverser: Wer erst einen Tag vor der Klausur anfängt zu lernen, kann sich später immerhin einreden, man sei nur durch die Prüfung gerasselt, weil man nicht früh genug angefangen habe, sich vorzubereiten, nicht etwa deshalb, weil man eigentlich unfähig ist, und so packt man das fragile Ego in Watte. In Zukunft, nimmt man sich dann vor und glaubt das tatsächlich jedes Mal ein bisschen selbst, werde man es anders machen. Künftig werde man als der Mensch durchs Leben stolpern, nein marschieren, der man ja *eigentlich* ist: der kluge Kopf, dem halt nur ein bisschen Vorbereitung gefehlt hat. Nur um es dann beim nächsten Buch, bei der nächsten Herausforderung ganz genauso zu machen.

So verhindert der Trotz mögliches Scheitern, aber weiter denkt er leider nicht. Weil man sich kein positives Endergebnis auszumalen wagt, kickt der Selbstschutzmechanismus: Und so bewirbt man sich gar nicht erst für die Stelle, so traut man sich keine Beziehung einzugehen, so vergehen die Tage müde und unproduktiv, bis sie im schlimmsten Fall zur Depression werden.

Spätestens dann kann der Trotz dann selbstgerecht greinen: Siehst du, ich habe ja gesagt, das wird alles nichts. Die Tatsache, dass er selbst und nicht etwa die eigenen Fähigkeiten der Verursacher für das Scheitern ist, lässt er dabei schön unter den Tisch fallen. Und so fühlen wir uns unfähig, weil wir es tatsächlich sind. Ein Perpetuum immobile: Je mehr man sich infantil weigert, sich der Realität zu stellen, desto schwieriger wird es künftig, sich in dieser zu behaupten als der Mensch, der man eigentlich gerne wäre.

Sich dem zu entziehen ist schwierig, eben weil der Trotz so eine Urgewalt ist. Um dem infantilen Trotz zu trotzen, braucht es eine klare Vorstellung von dem, was man eigentlich will. Und dem Glauben daran, diese Vorstellung auch durch eigene Kraft umzusetzen. Wieso schaffen das manche Menschen, während andere für immer zaudernde Zaungäste ihres eigenen Lebens bleiben?

In einer Studie wurde nachgewiesen, dass Zwillinge eine höhere Wahrscheinlichkeit haben, ähnliche Trotzmuster zu zeigen, was auf eine genetische Veranlagung hindeutet. Aber, so Michael Deuschle, auch Erziehung, Erfahrungen, Kultur und soziales Umfeld spielen eine große Rolle. Kinder lernen Trotzverhalten oft am Modell anderer Kinder. Genetik und die Umwelt machen uns also zu den Trotzköpfen, die wir sind oder nicht sind.

Wir brauchen den Trotz, um den Trotz zu besiegen. Oft entsteht dieser als Reaktion auf ein Gefühl der Frustration oder des Unrechts. Wenn wir das Gefühl haben, erklärt der Psychologe weiter, ungerecht behandelt zu werden oder dass uns etwas weggenommen wird, was uns wichtig ist, können wir trotzig werden. Letztlich geht es beim produktiven Trotz um Recht, Autonomie und Unabhängigkeit. Der destruktive, innere Trotz allerdings richte sich nicht gegen ein ungerechtes Außen, sondern gegen uns selbst. Und dann wird es ungemütlich.

Sobald es eine äußere Entität gibt, gegen die ich mich wehren möchte, wie zum Beispiel Hasskommentare und Spott, muss ich aktiv werden, um mich selbst zu behaupten. Niemand bekommt etwas von meinem Trotz mit, wenn ich im stillen Kämmerlein trotzig vor mich hin prokrastiniere. Ich muss hinaustreten, sichtbar werden, um mich zu positionieren. Das Werkzeug dafür hatte ich glücklicherweise in der Hand: das Schreiben. Und so schrieb ich. Der Trotz hat meine berufliche Laufbahn demnach maßgeblich mitbegründet.

Meistens bemerken wir überhaupt nicht, wenn wir uns in trotzigen Verhaltensmustern bewegen. Wenn wir immer wieder auf ähnliche Situationen mit angelernten, längst vertraut gewordenen Mechanismen reagieren, nehmen wir diese nicht als solche wahr. Stattdessen resigniert man im schlimmsten Fall und geht irgendwann davon aus, dass Verhaltensweisen wie etwa die Prokrastination eben Teil der Persönlichkeit sind. Und dieses Argument ist natürlich der Endgegner: Wenn man irgendwas nun mal *ist* und diese Eigenschaft nicht als angelernte Reaktion begreift, kann man sich kaum dagegen wehren. Und das merkt man oft erst dann, wenn man von außen darauf aufmerksam gemacht wird oder sich Hilfe sucht. Bis es so weit kommt, braucht es aber meist einen langen Leidensweg.

Ein Bekannter erzählt mir die folgende Geschichte aus seiner Praxiserfahrung als Therapeut:

Ein junger Klient von mir. Ende zwanzig. Erfolgreich im Beruf, mit wechselnden Beziehungen, in denen er sich häufig nicht sicher fühlt, möchte eine Frau auf eine Abschiedsparty eines Freundes mitnehmen. Der Freund ist auf dem Sprung in die USA, wird dort seinen Doktor machen. Der Klient, nennen wir ihn Herr L., merkt aber, dass sein Wunsch, einen perfekten Abend mit dem abreisenden Freund zu verbringen, durch seine Begleitung gefährdet ist. Er reagiert mit Trotz, distanziert sich von der Frau, die er mitbrachte, und zeigt sich auf der Party bewusst unabhängig. Auf die Kritik seiner Begleitung reagiert er irritiert.

In der Therapie konnten wir herausarbeiten, dass er nicht nur trotzig war, sondern auch Angst hatte. Er hat in der Vergangenheit Mobbing erlebt und sich damals aus dieser Rolle befreit, indem er sich in sozialen Beziehungen besonders angestrengt hat. Er hat die Partys in der Jugend organisiert, sein Zimmer zur Verfügung gestellt, Alkohol eingekauft und hat die Leute zum Feiern animiert. Das hat ihm wohl viele Freundschaften eingebracht, die er auch heute noch pflegt. Allerdings fühlt er sich für das Gelingen von sozialen Anlässen sehr verantwortlich und die Bekanntschaft, der er spontan zugesagt hat, hat seinen Plan ins Wanken gebracht. Es ist dann eben anders, wenn noch jemand dabei ist. Shit happens könnte man sagen. Was aber war sein Problem?

Denken wir folgenden Satz einmal weiter: »Ich muss mich in Beziehungen anstrengen ...«. Sonst? Na ja, sonst droht Ablehnung, Ausschluss, vielleicht sogar Gewalt? Scham in jedem Fall. Die Angst vor Ablehnung, aber auch die Unlust, die dadurch entstanden ist, waren letztlich Treiber für seine Trotzreaktion.

Dass er da nicht herankam, war nicht gut, denn im Nachhinein hat er sich massiv dafür abgewertet, den Abend nicht gut »balanciert zu haben«. Und um den Teufelskreis perfekt zu schließen, zog er daraus, sich in Zukunft noch mehr anstrengen zu müssen. Fatal. Umso besser, dass er das in der Therapie aufarbeiten konnte. Aus: »Ich muss mich noch mehr anstrengen« wurde mit der Zeit: »Ich bin nicht alleine verantwortlich« und »im Mittelmaß droht mir keine Gefahr«.

Dieser Trotz führt also nicht nach vorne. Und das tut er oft nicht. Der Trotz ist eine Diva, die sich von Kategorien wie »produktiv« und »unproduktiv«, »sinnvoll« oder »schädlich« wenig sagen lässt.

Trotz etwa, der sich gegen sich selbst richtet, lässt den Menschen erstarren. Dieser unproduktive Trotz glaubt nicht an die Veränderung, startet keine Revolution und beweist keine Zivilcourage, er bremst. Denn der Trotz braucht keine großen Argumente, um sich für eine Haltung zu entscheiden – egal, ob er uns nützt oder nicht. Das macht ihn zu einem wahnsinnig unzuverlässigen Werkzeug. Ein schlecht erzogener, zuweilen bissiger Hund im Hinterkopf.

DER TROTZ UND DIE ANDEREN

Ich bin 1992 in eine technisierte Welt geboren worden. Computer waren bereits weit verbreitet, das Internet existierte schon, wenn auch noch nicht so zugänglich wie heute. CT, MRT und TKKG waren längst die Regel. Raumfahrtmissionen waren seit Jahrzehnten im Gange, das erste Foto von der Erde aus dem All millionenfach abgedruckt. Das wahre Novum aber schaffte in diesem Jahr nicht etwa die Wissenschaft, sondern der antiwissenschaftlichste Verein überhaupt: die katholische Kirche.

Gute 500 Jahre nachdem der Astronom, Mathematiker und Theologe Nikolaus Kopernikus seine Theorie des heliozentrischen Weltbildes bekannt gemacht und behauptet hatte, dass sich die Erde um die Sonne drehe und nicht umgekehrt, sah auch Papst Johannes Paul II. ein, dass sich gewisse Tatsachen nicht mehr ganz so einfach leugnen ließen wie bisher. Die Kirche beugte sich der Wissenschaft und revidierte ihre offizielle Haltung zu Galileo Galilei, der etwa hundert Jahre nach Kopernikus die Idee einer Welt, die um die Sonne (und nicht etwa um die katholische Kirche) kreiste, aufgegriffen hatte.

Am 31. Oktober 1992 hielt Papst Johannes Paul II. eine Rede vor der Päpstlichen Akademie der Wissenschaften in der Sixtinischen Kapelle, in der er die Rehabilitierung von Galileo Galilei bekannt gab und die neue Haltung der katholischen Kirche zu dem Fall darlegte. In seiner Rede betonte der Papst, dass Galilei ein herausragender Wissenschaftler und ein wahrer Gläubiger gewesen sei. Er hob hervor, dass dieser nicht gegen den Glauben gekämpft habe, sondern vielmehr den Fortschritt in Wissenschaft und Theologie habe voranbringen wollen. Und dann erklärte er, dass die Verurteilung Galileis durch die römische Inquisition im 17. Jahrhundert ein Fehler gewesen sei und dass die Kirche ihre Einschätzung korrigieren müsse. Er äußerte Bedauern über die damaligen Ereignisse und drückte die Überzeugung aus, dass die Wissenschaft und der Glaube in Harmonie miteinander existieren können und sollen.

Der Papst unterstrich damit die Notwendigkeit, wissenschaftliche Erkenntnisse und theologische Lehren in Einklang zu bringen, und beteuerte, dass die Wahrheit keine Angst vor der Forschung habe. Die Rehabilitierung von Galileo Galilei sei nunmehr ein wichtiger Schritt, um die Beziehung zwischen Wissenschaft und Glauben zu stärken und das gegenseitige Verständnis zu fördern.

Religionen gehören zu den trotzigsten Vereinen, denen man als Mensch wohl so beitreten kann. Jeder Überzeugung, die von einer unveränderlichen Wahrheit ausgeht und als Beleg dafür den Tausende von Jahren alten Sammelband einiger Dudes bemüht, bleibt gar nichts anderes übrig, als sich der Wirklichkeit und dem Fortschritt trotzig zu widersetzen, um sich nicht unglaubwürdig zu machen. Sich die Welt zu machen, wie sie einem gefällt, gelingt nun mal einfacher, wenn man entweder Pippi Langstrumpf heißt oder aber, wie die katholische Kirche, das Monopol auf Wahrheit für sich beansprucht und alle, die das anders sehen, als Ketzer diffamiert.

Im Jahr 1992 zu sagen, ja, na gut, ganz unfehlbar sind wir auch nicht: ein Novum für die katholische Kirche. Nicht umsonst gibt es den bis heute gültigen Begriff der »Unfehlbarkeit des Papstes«. (Das Lustigste an diesem eh schon höchst albernen Begriff ist, dass dieser nicht etwa in der Bibel festgelegt wurde, sondern erst im Juli 1870 durch das Erste Vatikanische Konzil angenommen wurde. Der Beschluss besagt, dass der Papst in Angelegenheiten des Glaubens und der Moral, wenn er *ex cathedra* (in Ausübung seines höchsten Lehramtes) spricht, unfehlbar ist. Das bedeutet, dass der Papst bei der endgültigen Festlegung von Glaubens- und Sittenlehren als oberste Autorität der katholischen Kirche als unfehlbar betrachtet wird. Einfach gesagt und übersetzt: Ich habe recht, denn ich bin der Vater und habe damit das letzte Wort.)

Leute von so was zu überzeugen ist nicht besonders schwer, wenn man seine Lehren üblicherweise nur in einer Sprache teilt, die die allermeisten Anhänger nicht verstehen. Ich würde auch eher (und lieber) jemandem Glauben schenken, der mich mit Lächeln auf Chinesisch davon zu überzeugen versucht, als wenn mir jemand auf Deutsch sagt, dass das schon alles wird. Was man wortwörtlich nicht versteht, ist schwer in Frage zu stellen. Wenn der Chinese während seiner Überzeugungsrede auch noch wild in Richtung Freskenmalereien einer ewigen Hölle gestikuliert, wirkt das dann noch etwas glaubwürdiger.

Zum Glück hat jeder starrhalsige Trotz einen Gegenspieler. Zum Glück ist der Trotz wankelmütig und sein Naturell gar nicht erst in der Lage dazu, Partei zu ergreifen oder sich langfristig für eine Ideologie zu entscheiden. Und so verdanken wir es wahrscheinlich letzten Endes dem steifen Nacken der katholischen Kirche, dass sich ein Mann namens Martin Luther gegen ebenjene behauptet hat und die Reformation einläutete. Von der Annahme der Unfehlbarkeit an sich entfernte sich die Kirche nicht. Das tun Religionen nie. Ist auch schwierig, alles wissen zu wollen und dann ständig, wie unhöflich und respektlos eigentlich, von der Wissenschaft widerlegt zu werden. Die Sturheit von Religion ist kein Alleinstellungsmerkmal der katholischen Kirche. Das wäre unfair. Ebenso trotzköpfig gebärdet sich eigentlich jede Sekte, jede Glaubensrichtung, alle Glaubensgemeinschaften, die von einer unverrückbaren Wahrheit ausgehen.

Im Gegensatz zur Religion bedeutet es für die Wissenschaft Fortschritt, wenn ihre Theorien sich als falsch herausstellen und eine neue an die Stelle der alten tritt. Zu irren ist nicht nur in Kauf zu nehmen, sondern Grundannahme. Was der Grund sein dürfte, warum die in vielen US-Staaten weit verbreitete Corona-Strategie *thoughts and prayers* während der Pandemie deutlich mehr Todesopfer forderte als konsequentes Maskentragen und Abstandhalten.

Sollte man also dementsprechend alle Hauptreligionen, Kulte und Sekten über einen Kamm scheren und als rückständig und realitätsverweigernd verurteilen? Ich finde: Ja, aber so was von. Zumindest als Idee. Im einzelnen Glaubensverständnis mag das noch mal was anderes sein.

Dabei ist es eigentlich recht einfach, man macht sich damit nur nicht besonders beliebt: Religionen sind im besten Falle ein Werkzeug, das dem Einzelnen ein Wertesystem vermittelt und ihn in einer Gemeinschaft ähnlich Denkender verankert. Dagegen ist nichts einzuwenden. Jeder sollte sich in seiner Freizeit mit seinen Freunden treffen und eine Überzeugung teilen. Nur gilt das halt für New Age Hippies, die gemeinsam auf einem Bauernhof in Brandenburg Ayahuasca nehmen, um sich Gott näher zu fühlen, genauso wie für muslimische oder christliche Gemeinschaften, denen weiche Drogen wie Weihrauch ausreichen, um sich von der Existenz einer höheren Kraft überzeugen zu lassen. Beides ist legitim. Wer bin ich schon, irgendwem den Wunsch nach etwas Größerem zu verwehren oder ihn gar zu belächeln.

Vielleicht ist Gott tatsächlich ein alter weißer Mann, der in einem cholerischen Anfall Genozide anzettelt und kurzerhand die Erde unter Wasser setzt, nur um sich dann, Tausende Jahre später, über die Vibratoren-Sammlung meiner Mitbewohnerin zu ärgern. Ich persönlich finds ein bisschen unverhältnismäßig, aber wenn es auch nur einer Person dabei hilft, sich besser zu fühlen, wenn sie ihren Satisfyer in den Müll schmeißt, good for her.

Natürlich darf und muss jedem erlaubt sein zu glauben, an was er will, egal wie unwahrscheinlich oder irre dieser Glaube ist. Meine Lektorin etwa glaubt ja auch aktuell noch daran, dass dieses Buch irgendwann tatsächlich fertig wird. Wer wäre ich, ihr diesen Glauben einfach zu nehmen?*

Dass wir aber als aufgeklärte Gesellschaft im 21. Jahrhundert überhaupt irgendwelche Diskussionen darüber führen, inwieweit Religion Platz finden darf in staatlichen Institutionen, ist mindestens erstaunlich. Europa war immer dann eine Erfolgsgeschichte, kulturell und politisch, wenn sich die Länder dieses Kontinents auf den Verstand und die Vernunft verließen. Die Reformation. Die Aufklärung. Die Französische Revolution.

Die Aufklärung etwa war eine Zeit des großen Wandels und der intellektuellen Umwälzungen, die das Denken und die Gesellschaft in Europa maßgeblich beeinflusste. Für die Bürgerinnen und Bürger jener Zeit fühlte sich das wahrscheinlich verschieden an: hoffnungsvoll und optimistisch. Beängstigend und unsicher.

Die Aufklärung rückte das individuelle Denken und die Vernunft in den Mittelpunkt und hinterfragte traditionelle Autoritäten wie die Monarchie und die Kirche. Dies führte zu einem gestärkten Bewusstsein für persönliche Freiheiten und das Recht auf eigene Überzeugungen. Es entstanden Kaffeehäuser, Salons, Bibliotheken, in denen Menschen zusammenkamen, um Ideen zu diskutieren und sich weiterzubilden. Dies ermöglichte

---

* Der reine Glaube löste sich irgendwann in schlichter, vollkommen zielloser Schicksalsergebenheit auf. In diesem Fall war die Lösung also nicht der Trotz, sondern der Fatalismus. (Anm. d. Lektorin)

einen breiteren Zugang zu Wissen und Bildung, was für viele ein aufregendes und befreiendes Gefühl war.

Man trotzte dem Trotz und das, obwohl die aufklärerischen Ideen und der gesellschaftliche Wandel natürlich auch Unsicherheiten und Risiko mit sich brachten. Traditionelle Gewissheiten wurden in Frage gestellt, was zu Verunsicherungen und Konflikten führen konnte. Insbesondere für diejenigen, die an den alten Ordnungen festhielten, konnte die Aufklärung beängstigend sein. Denn natürlich stellt ein neues Denken immer auch bestehende Machtstrukturen in Frage.

Unser heutiges Justizsystem basiert auf menschengemachten Gesetzen. Das tut die Bibel zwar auch, nur gibt sie es nicht zu. Schlussendlich war die Aufklärung der Wegbereiter, der es den Menschen möglich machte und sie dazu ermunterte, sich ihres eigenen Denkens zu bedienen. Natürlich war diese Denkweise zunächst das Privileg intellektueller Eliten.

Die Verbreitung der aufklärerischen Ideen erfolgte vor allem durch gedruckte Werke wie Bücher, Zeitschriften und Pamphlete. Für die breite Bevölkerung, insbesondere für die ärmeren Schichten und diejenigen, die nicht lesen oder schreiben konnten, war die direkte Teilhabe an der Aufklärungsbewegung also begrenzt bis unmöglich. Die Auswirkungen der Aufklärung auf das tägliche Leben und die Erfahrungen der Normalbürger waren nicht unmittelbar spürbar. Es dauerte oft Jahrzehnte oder sogar Generationen, bis sie sich in der Breite durchsetzten und zu politischen Veränderungen führten.

Der Trotz arrangierte einen Maskenball, er trug mal dieses, mal jenes Gesicht, sorgte aber dafür, dass alle miteinander – oder gegeneinander – tanzten. Jene, die das Dahinbröckeln ihres Einflusses nicht ganz so geil fanden, gegen die, die ihre gedankliche Freiheit zelebrierten. Innerhalb der katholischen Kirche etwa entstand eine starke konservative Strömung. In einigen Fällen verurteilte die Kirche bestimmte Schriften oder verbot sie sogar. Prominente Aufklärer wie Denis Diderot und Jean-Jacques Rousseau wurden von der Kirche zensiert und verfolgt. Papst Pius VI. verurteilte 1794 in seiner Enzyklika *Auctorem fidei* eine Reihe von aufklärerischen Ideen als häretisch. Die Kirche befürchtete den Verlust ihrer Autorität und den Zerfall traditioneller religiöser Praktiken. Zu Recht: Warum noch Geld für Ablassbriefe ausgeben und sonntags durstig auf den einen Schluck des Blutes Christi warten, wenn der Wein in den Salons so viel günstiger zu haben war und man umgeben war von Menschen, die sich klarer ausdrückten als jeder Priester und die eine Vision hatten von einer Welt, in der man keine Absolution von der Kirche mehr brauchte, sondern sich selbst begreifen durfte als denkendes Wesen, als Teil des Fortschritts. Dort saßen die trotzigen Tanzpartner und wehrten sich ihrerseits mit der Auflehnung gegen das Althergebrachte.

274 Jahre später scheinen wir an einem ähnlichen Punkt zu stehen, zumindest fühlt es sich manchmal so an. Das CERN (Europäische Organisation für Kernforschung) schießt Teilchen durch einen Tunnel in der Schweiz, um

Erkenntnisse über die Grundbausteine der Materie und die Entstehung des Universums zu gewinnen, während gleichzeitig, und das ist noch gar nicht so lange her, verunsicherte Eltern ihre Kinder nicht mehr in die Schule schickten, weil das Nasenstäbchen im Covid-Test diese zu autistischen, magnetischen 5G-Empfängern machen könnte. Zumindest stand das in dieser einen Telegram-Gruppe, und wer den Massenmedien misstraut, muss sich halt trotzig an alternative Fakten halten.

Das Anzweifeln von Wissenschaft erlebt derzeit eine Renaissance, Verschwörungstheorien haben Hochkonjunktur, Klimawandelleugner riskieren im Gegensatz zu Impfgegnerinnen nicht nur ihr eigenes Überleben, sondern das der Menschheit und vieler weiterer Arten und Organismen. Trotzparteien wie die AfD verzeichnen höhere Umfragewerte denn je.

Woher kommt dieser Trotz? Wie kann es sein, dass eine Generation, die es geschafft hat, die Pocken quasi auszurotten, plötzlich davon ausgeht, ihre Freiheit werde in substanzieller Weise von Gendersprache bedroht?

Trotz kann eine Angstreaktion auf die Außenwelt sein. Wer sich allem Neuen verwehrt, bleibt in seiner Komfortzone, dort, wo es sicher ist. Eine Welt, die sich gefühlt immer schneller dreht, verunsichert. Je mehr Informationen, desto komplizierter wird es und Wirtschaftskrisen, Pandemien und Kriege rütteln in den letzten Jahren an unserem Selbstverständnis. Sie bringen die Welt, wie wir sie kannten, ins Wanken. Auf was ist noch Verlass? Welche Lebensmittel kann man noch guten Gewissens kaufen? Gibt es überhaupt noch richtige

Entscheidungen oder kann man nur noch das kleinere Übel wählen? Und ist es nicht viel einfacher, dieser dunkel wabernden Zukunft zu entsagen und stattdessen die Sehnsucht nach einer vermeintlich unkomplizierteren Vergangenheit zu pflegen?

Wenn wir so denken, lassen wir die Welt an uns vorbeiziehen. Man verpasst den Anschluss, wenn man allem Neuen mit verschränkten Armen gegenübersteht. Ein Einzelner, der sich dem technischen Fortschritt verweigert, bleibt im Regen stehen. Nur weil eine Sabine grummelt, früher habe man ja auch schließlich ohne den modernen Schnickschnack überlebt, wird die Kommunikation in Zukunft trotzdem digital stattfinden (oder, im Falle Deutschland halt: per Fax statt Rohrpost).

Auf den Einzelnen nimmt niemand Rücksicht, wenn aber aus dem Einzelnen eine Bewegung wird, bleibt man schlimmstenfalls als ganze Gesellschaft stehen. Die Demokratie zum Beispiel ist wahrscheinlich die beste aller schlechten Lösungen. Denn gerade reaktionäre Kräfte stehen für nichts anderes als die programmatische Verhinderung alles Progressiven. Im Einzelfall mag das gut und richtig sein, nicht jede Erneuerung im Denken und Handeln ist automatisch gut. Aber bei Themen, die drängen, wie etwa dem Klimaschutz, wird es gefährlich, an einer Welt, wie sie immer war, festzuhalten.

VIERTES KAPITEL
DER GEFÜHLTE TROTZ

Bis hierhin sieht der Trotz überwiegend scheiße aus. Macht uns selbst kaputt, setzt uns Aluhüte auf, stresst den Partner. Aber hat er nicht auch was Schönes?

Die Literaturwelt wäre eine langweilige ohne den Trotz, und keine Liebesgeschichte lesenswert, wenn sich nicht mindestens ein Liebender den Sitten seiner Zeit verweigert hätte. Hätte sich nicht irgendein Teenager in eine pubertierende Julia aus der falschen Familie verliebt, wären sie nur ebendas gewesen: ein verliebtes, junges Paar, wie es Tausende gibt, deren Geschichten wir nie hören werden. Odysseus trotzte den Sirenen von Temptation-Island, weil er sich nach seiner Frau sehnte, und Effi Briest fand sich nicht mit den biederen Moralvorstellungen ihrer Zeit ab, und obwohl sie nicht ganz dahinterkam, dass das Konzept der Monogamie vielleicht einfach nichts für sie war, trotzte auch sie den gesellschaftlichen Sitten. Aber auch wenn die Protagonistinnen von ihrem Trotz nicht viel hatten, so war er uns doch mindestens Inspiration: Generationen von Stalkern dazu dranzubleiben, nicht locker zu lassen, sich zu holen, was sie wollen. Anderen dazu zu lieben, auch wenn sie das alles kosten könnte. Dabei ist nicht nur das Entscheiden *für* die Liebe, sondern auch das *gegen* sie ein tapferer Akt. Der tapferste überhaupt, vielleicht.

Einen Sommer, bevor ich mit Martin nach Paris reiste, hatte ich mich in ihn verliebt, wir hatten uns gerade kennengelernt: mit 16 Jahren, auf dem Sommernachtsball unserer gemeinsamen Schule. Er saß betrunken auf der Wiese, draußen, kaute auf einem Strohhalm herum und ließ den Kopf hängen. Ich setzte mich neben ihn, und dann starrten wir beide den Hang hinunter, und es wurde dunkel, und zehn Minuten später wusste ich, wie er hieß, und zehn Minuten danach wusste ich, dass er die Liebe meines Lebens war. Leider war ich die Einzige, die das wusste, obwohl ich mir in den folgenden Wochen und Monaten viel Mühe gab, ihm zu vermitteln, dass es eigentlich keinen Grund für die Erde gab, sich weiter zu drehen, wenn wir nicht für immer und ewig zusammen sein sollten.

Gemeinsam klauten wir die lokale Buchhandlung leer, gemeinsam saßen wir abends auf dem Steg und spielten Gitarre für den stummen Chiemsee, ich übernachtete bei ihm, wir lasen uns vor, wir taten eigentlich alles, was Paare tun, nur dass wir keines wurden. Abends radelte ich die zehn Kilometer nach Hause, legte mich ins Bett und dachte an Martin, und morgens wachte ich auf, und dachte an Martin, und nachts träumte ich von Martin, bis mich mein Nokia aufweckte: Er hatte mir geschrieben, er müsse mir etwas sagen, es sei ganz wichtig. Da war er, der Moment der Wahrheit, endlich konnten wir offen zu unseren Gefühlen stehen, mein Herz klopfte wie wild, und dann erreichte mich eine zweite SMS: »Niemand weiß es, aber ich bin schwul.«

Ich weiß noch, wie ich, nicht mein stolzester Moment, auf mein Bett einschlug und »Wieso, wieso, wieso« ins Kissen brüllte und »Ich hasse Schwule« dachte. So leise wie möglich dachte, weil ich mich natürlich und zu Recht unglaublich für diesen Gedanken schämte.

Ich war selbst erschrocken über meinen Ausbruch, der im totalen Gegensatz zu meiner Überzeugung und Erziehung stand: Natürlich wusste ich, dass niemand was für seine sexuelle Orientierung kann, außer halt Martin. Bei anderen Schwulen dachte ich das auch gar nicht: Igor etwa, mein Grundschulfreund, der sich vor seinen kroatischen Eltern outete und prompt rausgeschmissen wurde und bei mir im Hochbett Unterschlupf fand, sein Schwulsein war mir völlig egal.

Natürlich hasste ich keine Schwulen, ich war ja nicht bescheuert, sondern verliebt, wobei das in diesem Falle leider dasselbe war. Natürlich schämte ich mich für diesen Satz in der Sekunde, in der ich ihn zu denken wagte. Und natürlich schrieb ich Martin deshalb zurück: »Darling, das wusste ich die ganze Zeit, aber danke für dein Vertrauen. Bin immer für dich da.«

Und das war ich, und das war er für mich, das sind wir heute noch. Ich trotzte meinen Gefühlen, schüttelte sie irgendwann ab, wog sie in der Hand, knetete auf ihnen herum und formte sie um. Die Rohmasse der reinen

Liebe blieb immer die gleiche, aber die Form war eine neue: Keine romantische Verklärung mehr, sondern ein Wissen, dass dieser Mensch niemals ganz aus meinem Leben schwinden sollte. Und so sind wir zusammengeblieben.

Untersuchen wir ebenjene Geschichte auf ihre Trotzmomente, bildet sich das Janusgesicht des Trotzes gut sichtbar ab: Spontan wollte ich nach Martins Nachricht nichts lieber, als seine Kontaktdaten löschen, meine Erinnerung an ihn ausradieren, nie wieder in die Schule gehen oder an den Steg oder in unsere Buchhandlung, *the first cut is the deepest*, singt Cat Stevens und hat recht: Wenig schmerzt, wie es die erste unerwiderte Liebe tut. Dieser Schmerz ist von einer Intensität, die einen überrollt, nach Luft schnappen lässt, und weil man noch nie dergleichen erlebt hat, ist man sich sehr sicher, ihn nicht überleben zu können, denn als Teenager hat man das zweifelhafte Privileg, solch pathetischen Gedankengängen absoluten Glauben zu schenken. Und fast ebenso mächtig ist der Trotz der Teenagerjahre. Gegen die Eltern, gegen Regeln, und in diesem Fall: gegen die Liebe. Ich war 16 und durch mit dem Thema.

Und trotzdem war da noch eine andere Sorte des Trotzes, im Schockmoment noch kaum spürbar, in den folgenden Tagen und Wochen aber immer stärker: Ich wollte Martin nicht ziehen lassen, egal wie viel Herzschmerz es mich kosten würde. Ich trotzte dem Trotz und liebte stur weiter, nur anders. Ich ließ mich nicht in die Knie zwingen von der Enttäuschung, ließ mich nicht hinreißen zu Kontaktabbruch, sondern tippe aktuell diese Zeilen mit zärtlichem Blick auf Martin, der am Schreibtisch vor mir sitzt, in unserer gemeinsamen Wohnung, und an seinem ersten Roman schreibt.

Liebe und Trotz sind ein seltsames Duo. Beide kommen und gehen, wie sie wollen, über beide scheint man selten Kontrolle zu haben. Was passiert, wenn diese beiden entfernt Verwandten aufeinandertreffen? Wenn man jemanden liebt, der einem nicht guttut, wenn wir der Falschen vertrauen, wenn wir hintergangen werden, wenn das eigene Umfeld und die sehr leise Stimme der Vernunft im Hinterkopf einen stetig daran erinnern, dass wir uns endlich freistrampeln müssen von dieser Person? Warum hält sich die Liebe so oft so fest an den falschen Menschen, warum verhält sich die Liebe so dermaßen trotzig, dass sie jeden Dreijährigen mit Tobsuchtsanfall im Supermarkt daneben verblassen lässt? Warum wehrt sich die Liebe gegen das Ende, wenn diese sich selbst längst in Selbstzerstörung verwandelt hat?

Ist es wirklich Liebe, die uns da trotzen lässt, oder ist es nicht längst die Angst vor dem Alleinsein? Der Liebe zu trotzen ist ein schier unglaublicher Kraftaufwand. Es ist eine Heldensage von Selbstbehauptung, von Mut, manchmal von reinem Überlebenswillen. Sich aus einer toxischen Beziehung zu befreien und nicht zu verbittern, sich trotz allem immer wieder für die Liebe entscheiden zu können, ist eine Höchstleistung in der Kategorie »Mensch sein« und auszeichnungswürdig. Jede, die es wagt, ihr kleines Herz jemandem zu schenken, obwohl es schon mal gebrochen wurde: eine Heldin. Jeder, der sich selbst Fehler vergibt und ganz vielleicht daraus lernt: ein Matador. Und jeder, der Schritt für Schritt lernt, sich selbst mehr zu lieben als eine krankmachende Beziehung und versucht, sich daraus zu befreien: ein Champion.

Ein gesunder Trotz kann einem dabei immens helfen. Trotz, das ist der Moment, in dem man zum ersten Mal die Eifersuchtsanfälle des Ehemannes nicht mehr toleriert, in dem man beschließt, dass man keine Lust hat, sich weiter und jeden Tag gängeln zu lassen. In dem man nicht nur das Gegenüber, sondern auch sich selbst erkennt, nicht mehr als Teil einer Beziehung, sondern als Mensch, der es wert ist, für sich gesehen und geliebt zu werden. Und der, aus der Erkenntnis heraus, plötzlich wirksam werden kann. Ein Trotz-Momentum kann entlarvend sein, vor allem aber ist es der Anfang eines Befreiungsschlages.

Trotz ist, in seiner reinen Essenz: der Moment des Aufbäumens. Eine manchmal sehr verspätete Reaktion. Auf diese unsere Welt, in die man ungefragt geworfen wurde, auf Forderungen, denen man schlicht nicht entsprechen kann oder will, auf Ungerechtigkeiten, Überforderungen, Uneinsichtigkeit, auf die Unfairness der Welt. Es ist der Moment, der Wehrhaftigkeit möglich macht und Wahrhaftigkeit sichtbar. »Trotz ist der Wille, der sich selbst erzeugt«, meint Fjodor Dostojewski, und beschreibt damit treffend die Kraft, die ein Trotzmoment entfesseln kann.

Trotz kann tiefromantisch sein – dann nimmt man es für den Richtigen in Kauf, von der Familie enterbt oder gar verstoßen zu werden. Dann findet man durch die

Liebe plötzlich die Kraft zu rebellieren gegen Umstände, die einen vielleicht schon vorher gestört haben, unter denen man latent schon immer gelitten hat, die aber irgendwie zu ertragen waren. Plötzlich aber findet man durch die Beziehung zu jemandem die Kraft, sich zu wehren, sich aufzulehnen, bisher stumm hingenommene Regeln und Sitten in Frage zu stellen. Der Moment des Trotzes fragt ganz unvermittelt: Lebe ich das richtige Leben? Und wird damit zum Drehmoment. Plötzlich müssen wir uns entscheiden. Für oder gegen die Liebe. Für oder gegen uns selbst.

FÜNFTES KAPITEL
DIE HELLE SEITE
DES TROTZES

Keine Gattung ist so talentiert darin, sich unglücklich zu machen, wie der Mensch. Jeder von uns ist eigentlich nicht mehr als ein Nervenbündel, das sich Sorgen macht um den kleinen Bruder, berufliche Entscheidungen hinterfragt und mit schlechtem Gewissen einschläft. Alle anderen sind keine Menschen, sondern Milliardäre. Aber auf Psychopathen und die anderen 0,01 % nehme ich jetzt einfach mal keine Rücksicht. Andersrum gilt ja das Gleiche.

Mensch zu sein mag einem als Kind recht natürlich vorkommen. Man baut Hütten im Wald, man versucht, ein Amseljunges aufzupäppeln, man verliebt sich in Luisa aus der Parallelklasse, weil die das einzige Mädchen im Jahrgang ist, das bei den Bundesjugendspielen eine Ehrenurkunde bekommen hat. Später wird es komplizierter. Je älter man wird, desto leichter erscheint einem der Pragmatismus. Das Gehirn ist nicht viel mehr als eine mittelkomplexe Infrastruktur, irgendwelche Nervenbahnen geben einem automatisiert die immer gleichen Denkrichtungen vor. Man muss nichts dafür tun. Intellektuelle Bequemlichkeit und der Weg des geringsten Widerstands sind dem Menschen in die Wiege gelegt worden.

Ich bin in Oberbayern groß geworden, wo Obrigkeitsgehorsam, blinder Traditionalismus und katholische Erziehung jedwede Form von Individualismus unterbinden wollten. Jeder Versuch, eigenständig zu handeln, glich einem Sittenbruch, und die Aufgabe des Klassensprechers, so schärfte unsere Lehrerin in der vierten Klasse uns ein, bestand allein darin, aufzustehen, sobald der Rektor klopfte, und diesem mit einem lauten »Im Namen der Klasse: Grüß Gott« Respekt zu zollen. Noch nie gab es Herrscher, die von Trotzköpfen profitiert hätten.

Ich weiß nicht, ob das Eis auf dem See längst getaut war, als ich mich gegen meine Wut entschied. Als ich wieder ankam in meiner kleinen Berliner Wohnung, müde und ohne einen Cent Geld. (Ich rate niemandem, in eine Privatklinik zu gehen, wenn man nicht sehr, sehr reich oder sehr privatversichert ist.) Ich konnte mir nichts mehr leisten: weder Taxis noch meine Arroganz. Ich hatte - entgegen meiner anfänglichen Hoffnung - nicht etwa einen neuen Roman in der Tasche, sondern war nur noch ratloser geworden. Ich wollte nicht mehr wettern, zynisch sein, im Wochentakt für egal welche Zeitung eine Haltung äußern oder mit zu großen Autos provozieren. Ich war durch mit allem, ich war kein Hunter S. Thompson und auch sonst nicht viel. Ich wusste nicht, wohin mit mir oder wie ich das Finanzamt beruhigen sollte, das bekanntlich wenig Rücksicht nimmt auf finanziell wenig lohnende Epiphanien. Selbsterkenntnis ist kein Ausbildungsberuf. Ein persönlicher Wachstumsschub keine Qualifikation.

Ich war der leerste Mensch der Welt, als mich der Trotz nicht im Stich ließ. Er tastete sich vor wie ein alter Freund, zu dem man längst den Kontakt verloren hat. Zum ersten Mal zeigte er sich kleinlaut, betreten, niedergeschlagen. Aber weil der Trotz nun mal ein alter Bekannter war, erinnerte er mich auch an unsere guten Zeiten: Weißt du noch, damals, als ich dir die Erde zu Füßen gelegt habe? Und genau wie jeder reumütige Ex-Freund bot mir der Trotz einen Neuanfang an, diesmal komplett zu meinen Bedingungen. Er wisse ja mittlerweile, behauptete der Trotz, was er alles falsch gemacht habe, und gelobte Besserung. Er wolle künftig mehr auf meine Bedürfnisse eingehen, versprach er. Und dann zog er die Vorhänge zu, um den Raum abzudunkeln und mir eine PowerPoint-Präsentation eines gemeinsamen Fünfjahresplanes feilzubieten.

Manche Beziehungen halten für immer, und selten sind es diejenigen, für die man sich im Nachhinein freiwillig entscheiden würde. Geschwister etwa sind für immer. Oder Dämonen. Schenkt man Märchen Glauben, sind es Feen, die Neugeborenen Schönheit und Glück mit auf dem Weg geben. Aber ich bin nicht Dornröschen, sondern Ronja. Und so hielten sich die Glückwünsche von magischen Kreaturen am Tag meiner Geburt in Grenzen. Was man mir mitgab, von Anfang an, war nur: der Trotz.

AUFSTEHEN

Am Abend des 27. Juni 1969 herrschte eine unruhige Atmosphäre im Stonewall Inn, einer beliebten Schwulenbar in Greenwich Village in New York City. Das war nichts Neues. Die LGBTQ+-Rechte waren zu dieser Zeit äußerst diskriminierend und repressiv, wenn man sie überhaupt Rechte nennen konnte.

In New York City gab es Gesetze, die homosexuelle Handlungen als »unnatürlich« und »unmoralisch« brandmarkten. Homosexuelle Handlungen wurden dadurch zur Straftat, die mit entsprechenden Konsequenzen, einschließlich Gefängnis, belegt werden konnte. Sogar das Tragen von Kleidung des anderen Geschlechts wurde als illegal eingestuft. Unter dem sogenannten Sippenhaftungsprinzip konnten Personen aufgrund ihrer sexuellen Orientierung aus ihren Wohnungen oder von ihren Arbeitsplätzen vertrieben werden. LGBTQ+- Personen waren oft Opfer von Diskriminierung und Gewalt, sowohl von staatlicher Seite als auch durch die Gesellschaft.

Die Polizei führte regelmäßige Razzien in Schwulenbars durch und schikanierte LGBTQ+-Menschen. Die Behandlung durch die Polizei war geprägt von Erniedrigung und willkürlichen Verhaftungen. Die queere Community des Big Apple war Übergriffe von staatlicher Seite also eigentlich gewohnt. In den meisten Teilen der USA gab es ähnlich diskriminierende Gesetze und eine feindselige Einstellung gegenüber Homosexualität und anderen nicht-heteronormativen Identitäten. Trotzdem war New York Zufluchtsort für viele.

Der Mensch aber war schon immer dazu verdammt zu lieben. Manchmal hat er Glück und liebt jemanden, den Gesellschaft und Familie abnicken. Und sehr oft tut er das nicht. Dann bilden sich Ballrooms, wie damals in New York, dann glitzern schwarze Schafe, dann finden sich Verstoßene wieder in einer Wahlfamilie. Und dann sorgt ein Melting Pot wie New York dafür, dass man sich zusammenschließt. Erst feierte sich die Queer Community in ebendiesen Ball Rooms, lief in bunt glitzernden Outfits über Laufstege, trat mit ausgefallenen Lauf- und Tanzperfomances gegeneinander an. *The category was extravaganza.* Und dann wurde dieser trotzige Versuch der Selbstliebe einer Gemeinschaft, die aus verstoßenen Individuen bestand, durch die Polizeigewalt New Yorks langsam, aber sicher zu: Widerstand.

In den frühen Morgenstunden hatte die Polizei den Befehl erhalten, das Stonewall Inn wegen des Verdachts auf illegale Aktivitäten zu durchsuchen. Auch Marsha P. Johnson, eine Transgender-Künstlerin, war an jenem Abend des 27. Juni 1969 dort. Sie spürte die Anspannung in der Luft. Als afroamerikanische Transgender-Frau war sie selbst oft Ziel von Diskriminierung und Gewalt, und sie hatte genug davon.

Als die Polizei das Stonewall Inn stürmte und begann, Menschen willkürlich festzunehmen, wuchs in Marsha eine innere Entschlossenheit. Sie hatte genug von der Ungerechtigkeit und der Schikane, die die LGBTQ+-

Community Tag für Tag ertragen musste. Sie schadeten niemandem. Sie ertrugen nur. Die LGTBQ+-Community dieser Zeit war kein Safe Space, sie war eine Überlebensstrategie. Und überlebt hatten sie. Und geglitzert auch. Und die unzähligen Schikanen der NYPD in Kauf genommen. So oft. Vielleicht zu oft.

Denn an diesem Abend war etwas anders. Die Menschen in der Bar hatten genug. Sie waren bereit, sich gegen diese Behandlung zur Wehr zu setzen. Marsha stand an vorderster Front des Widerstands. Sie war bekannt für ihre bunte Kleidung und ihre unverkennbare Präsenz. In dieser Nacht verkörperte sie den Mut und die Entschlossenheit der Menschen um sie herum, das wissen wir heute. Marsha damals wusste vermutlich nur: Wut. Und Trotz.

Flaschen flogen durch die Luft, während die Menschenmassen ihre Stimmen erhoben und ihren Unmut zum Ausdruck brachten. Die Polizei war überrascht und überfordert mit der Entschlossenheit und dem Mut der Anwesenden. Die Auflehnung dauerte die ganze Nacht an. Immer mehr Menschen strömten zum Stonewall Inn und schlossen sich dem Protest an. Die Menge skandierte Slogans wie »Gay Power« und »We shall overcome« und forderte die Würde und die Rechte der LGBTQ+-Gemeinschaft ein. Die Polizei versuchte, die Kontrolle zurückzugewinnen, aber die Menschen waren entschlossen, nicht nachzugeben.

Als die Flaschen flogen und die Rufe nach Gerechtigkeit durch die Menge hallten, muss Marsha geahnt haben, dass dies ein entscheidender Moment war. Sie griff selbst nach einer Glasflasche und schleuderte sie in Richtung der Polizei. Es war ein Akt der Rebellion, ein Symbol für den aufgestauten Frust und den Wunsch nach Veränderung. Die Dunkelheit der Nacht konnte ihre Entschlossenheit nicht bremsen.

So viele Nächte davor war sie ein Symbol des Widerstands gewesen, jedes Mal, wenn sie in Drag auftrat. Nach dieser Nacht aber wurde sie zum Symbol der Veränderung.

Der Trotz machte Geschichte an diesem Abend. Geboren war er, wie immer, als Reaktion auf die Umstände: Ohne eine menschenverachtende Gesetzgebung und brutale Polizeigewalt gäbe es keine Ikone namens Marsha P. Johnson, sondern nur Marsha, den Menschen, die Künstlerin, die Dragqueen. Was ihr sicherlich lieber gewesen wäre. So aber wurde sie zum Symbol, und der Abend der Stonewall Riots zur Zäsur.

Die Stonewall Riots waren kein isoliertes Ereignis, das an diesem Abend endete. Sie setzten eine Kettenreaktion in Gang, die Tage dauerte und die LGBTQ+-Gemeinschaft mobilisierte. Menschen unterschiedlicher sexueller Orientierung und Geschlechtsidentität standen Seite an Seite, um für ihre Rechte zu kämpfen.

Die Ereignisse im Stonewall Inn am 27. Juni 1969 werden bis heute als Symbol des Widerstands und der Stärke gefeiert. Zu Recht. Sie erinnern uns daran, dass der Kampf für Gleichberechtigung und Akzeptanz mutige Menschen erfordert, die bereit sind, aufzustehen und ihre

Stimme zu erheben, selbst in den dunkelsten Zeiten. Die Stonewall Riots waren auch für Marsha ein Wendepunkt. Sie erkannte, dass sie nicht allein war, dass sie Teil einer starken und kämpferischen Gemeinschaft war. Niemals sind wir allein, wenn wir im Recht sind.

Das wissen auch Iranerinnen, die, gut 50 Jahre später, ihr Kopftuch abwerfen, um für die Freiheit zu kämpfen, das wissen afghanische Mütter, die für die Bildung ihrer Töchter kämpfen, das wissen wir eigentlich alle. Und doch scheinen es Momente wie in dieser Nacht zu sein, die ein kulminiertes »Es reicht«-Empfinden und einen kollektiven Trotz provozieren und so Veränderung ermöglichen.

Im Deutschen spricht man vom »Tropfen, der das Fass zum Überlaufen bringt«. Das Präteritum ist sich seiner Sache sicher: Ohne die Entschlossenheit einer Rosa Parks, einer Marsha keine Veränderung. Im Englischen lässt sich die Redewendung übersetzen mit »The Straw, that broke the camel's back«. Irgendwann reicht es. Der Mensch ist, das kann man ruhig trotzig hoffen, vernunftbegabt. Und ähnlich wie der Mensch mag sich der Trotz, diese menschlichste aller Reaktionen, oft irren, aber insgesamt uns alle vorantreiben. Two steps forward, one step back. Fortschritt braucht Identifikationsfiguren. Als ein Theologe am 31. Oktober 1517 seine 95 Thesen an die Tür der Schlosskirche in Wittenberg genagelt hat, reformierte er damit nachhaltig das Christentum.

Ich schreibe dieses Buch nicht aus einer pubertären Antihaltung heraus, sondern um den Trotz aus der

Schmuddelecke zu befreien. Trotz ist nicht das Privileg gelangweilter Mittelschichtskinder, die Kulturfestivals organisieren und sich die Haare blau färben und im Angesicht des Untergangs über kulturelle Aneignung diskutieren. Im Gegenteil.

Es ist eine Chance, die uns allen innewohnt. Es ist ein Impuls, dem zu vertrauen, was das größtmögliche Risiko darstellt. Das immer außerhalb der Komfortzone und des Bekannten liegt. Trotz ist ein Vertrauensvorschuss an die Zukunft. Er ist eine Wette, die man eingeht.

Zugegebenermaßen, das ist nichts, was uns Deutschen jetzt besonders attraktiv vorkommen wird. Hier gibt es kein schlechtes Wetter, nur schlechte Kleidung, wieso sollte man etwas riskieren in einem Land, in dem die günstigste Haftpflichtversicherung nicht mehr als 30 Euro im Jahr kostet. Nirgendwo ist es lohnens- und lobenswerter, sich zur Konformität zu bekennen und bloß nicht aufzufallen. Wenn Unis umsonst sind und es genug Ausbildungsplätze gibt und mittlerweile sogar HOMOSEXUELLE heiraten dürfen, warum sich dann noch auflehnen, und gegen was?

Trotzköpfe haben es nicht leicht hier. Extravaganz, Impulsivität, generell auffallen wird abgestraft. Dass es eine Angela Merkel bis zur Kanzlerin gebracht hat, lag wohl zum großen Teil daran, dass sie einige ihrer Eigenschaften, ihre Ost-Herkunft, ihr Frausein so wenig wie möglich betonte. Das Schöne an Deutschland ist, dass wir allen Trotz-Parteien und Aufständen erst mal misstrauen. Das Tragische an Deutschland ist, dass wir allem Neuen und Revolutionären erst mal misstrauen.

Im Juni 2017, 48 Jahre nach den Stonewall Riots, stellte ein junger Mann im Rahmen eines Presseevents die Frage, warum er nicht seinen Freund heiraten dürfe. Ich saß im Publikum und war erstaunt. Nur ein paar Tage danach veröffentlichte das Magazin *Brigitte* ein Interview mit Merkel, in dem sie ihre Haltung zur Ehe für alle weiter präzisierte. Sie erklärte, dass sie sich aufgrund gesellschaftlicher Veränderungen und der Einsicht, dass es nicht gerecht sei, Menschen aufgrund ihrer sexuellen Orientierung zu diskriminieren, dazu entschlossen habe, den Weg für die Abstimmung über die Ehe für alle freizumachen. Sie äußerte Verständnis für die Forderungen der LGBTQ+-Community und betonte, dass dies ein Thema sei, das sie emotional und persönlich berühre.

Kurz nach dem Interview stimmte der Bundestag am 30. Juni 2017 über die Ehe für alle ab und das Gesetz wurde mit großer Mehrheit verabschiedet. Damit wurde die gleichgeschlechtliche Ehe in Deutschland legalisiert, und alle Paare, unabhängig von ihrer sexuellen Orientierung, erhielten das Recht, zu heiraten und die gleichen rechtlichen Vorteile wie heterosexuelle Paare zu genießen.

Merkels Haltung zur Ehe für alle und ihre Entscheidung, den Weg für die Abstimmung freizumachen, wurde von vielen als ein Zeichen des Fortschritts und der Gleichberechtigung gefeiert. Es markierte einen wichtigen Meilenstein für die LGBTQ+-Rechte in Deutschland und zeigte einen Wandel in der Politik und in der öffentlichen Meinung in Bezug auf die Rechte gleichgeschlechtlicher Paare.

Der junge Mann im Publikum, der Merkel herausgefordert hatte, mag ein Auslöser gewesen sein, der Trotzkopf aber, und diese Zuschreibung würde wohl niemand mehr als die ehemalige Kanzlerin bestreiten, war sie selbst: Indem sie die Gleichberechtigung für homosexuelle Paare zur Abstimmung freigab, handelte sie revolutionär. Gerade weil die Ehe für alle nicht ihrer christlich-konservativen Überzeugung entsprach. Das ist Demut. Und Selbstsicherheit und Weitsicht: zu wissen, dass man selbst nicht allwissend ist, die eigenen Werte längst überholt sind und die eigene Überzeugung nicht eine allgemein gültige Gesetzesgrundlage darstellen sollte.

Wohl wissend, dass sie überstimmt werden würde, wohl wissend, dass sie allein den Weg für die Ehe für alle geebnet hatte, stimmte Merkel konsequent gegen die gleichgeschlechtliche Partnerschaft. Vollkommener als das kann der Trotz nicht sein: sich selbst in Frage zu stellen und die Parteilinie in Frage zu stellen für eine Grundsatzfrage, die sie nur verlieren konnte, und sich dann doch persönlich auf der Verliererseite zu positionieren – das ist eine Art von Trotz, die nur dem Gewissen und den eigenen Wertvorstellungen folgt. Und ein Trotz, der sich nicht vor Widersprüchen scheut: Angela Merkel, die ahnt, dass ihre bisherigen Ideale sich der Realität stellen müssen, und die egobefreit ihre eigenen Ansichten zur Abstimmung freigibt, weil sie der Demokratie und dem Zeitgeist mehr vertraut als ihren konservativen Ansichten, und dann trotzdem in der von ihr ermöglichten, demokratischen Abstimmung für ebenjene eintritt.

Dem Trotz zu vertrauen ist ein waghalsiges Unterfangen. Ungefähr so risikoreich wie Kulturoptimismus. Der Menschheit zu vertrauen, ist eigentlich irre. Auf den Fortschritt einer Spezies zu bauen, die unbestreitbar und mit enormer Geschwindigkeit am eigenen Untergang bastelt, mögen manche illusioniert nennen. Trotzköpfe, die man als Exzentriker leicht erkennt, sind ebenso leicht zu belächeln. Dabei sind die größten Trotzköpfe eigentlich: wir Normalos. Die arbeiten gehen, weil sie an so etwas wie soziale Marktwirtschaft und Rente glauben. 30-Jährige, die Kinder in die Welt setzen und sich auf den Nachwuchs freuen, obwohl sie wissen, welche Realität sie diesen zumuten.

Der Trotzkopf ist ein Optimist, ohne es zu ahnen. Er glaubt an ein Happy End, ohne dass es irgendwelche Anzeichen dafür gäbe. Ohne den Trotzkopf in uns könnten wir uns alle mit einer Scheibe Toast auf ein Grab setzen und warten. Er irrt oft, der Trotzkopf. Er verführt und reißt uns zu Unsinn hin. Er ermöglicht Selbstbehauptung und Veränderung. Er selbst wird sich nie ändern. Zum Glück.

SECHSTES KAPITEL
DIE ZÄHMUNG
DES TROTZES

Die sogenannte Realität ist eine einzige Enttäuschung. Realität, das ist das panische Suchen nach Kleingeld an der Discounterkasse. Realität, das sind die müden Augen der Klassenlehrerin am Elternabend, die auch nicht weiß, warum Elias ständig behauptet, er habe Bauchweh. Es sind die vielen Nächte, in denen man, statt mit seinem Partner zu schlafen, auf Amazon Rezensionen von Staubsaugerrobotern durchliest und dann doch keinen davon in den Warenkorb legt. Und sich dann fragt, ob sich ein Staubsaugerroboter überhaupt lohnt. Ob sich diese Ehe überhaupt lohnt. Ob es nicht längst zu spät ist für ein Ausbrechen, schließlich hat man zwei Kinder zusammen und einen Schrebergarten und ein halb abgezahltes Haus und keinen Staubsaugerroboter. Man ahnt: Es lohnt sich nicht. Man erinnert sich an ein Zitat aus dem Studium: Es gibt kein richtiges Leben im falschen, das hatte Gregor damals im Referat gesagt, und weil man sehr in Gregor verliebt war, damals, hat man sich nicht gemerkt, dass das Zitat eigentlich von Adorno stammt. Jetzt, um vier Uhr nachts, erinnert man sich plötzlich wieder daran. An Gregor und daran, wie man mal mit einem Joint ein Brandloch in sein Holzpalettenbett gebrannt hat. Und wie Gregor gelacht hatte darüber, am nächsten Morgen, und sich dann an einen geschmiegt hatte, und man plötzlich immer noch nicht verstand, dass es kein richtiges Leben im falschen gibt, aber durchaus, wie sich etwas richtig anfühlen kann. Was Gregor heute wohl macht? Diese Frage wagt man kaum zu denken. Neben einem schnarcht der Mann, den man sich mal zu lieben vorgenommen hatte. Dies ist mein Leben, ahnt man, und vielleicht ist es kein ganz richtiges, aber immerhin ist es meines.

Und dann schläft man irgendwann ein, und am nächsten Tag liest man auf Netdoktor.de, dass es ganz normal ist, morgens um vier alles in Frage zu stellen, weil die erhöhte Kortisolproduktion in den Abendstunden dazu führen kann, dass sich Sorgen und Ängste verstärken. Kortisol stehe im Zusammenhang mit Stressreaktionen und könne das Denken und die Wahrnehmung beeinflussen. Es liegt also nicht an Gregor. Oder Adorno. Oder Elias. Oder daran, dass man längst verlernt hat, den Mann neben einem zu lieben. Er will kein richtiges Leben. Er will fit sein für morgen.

Also schläft man irgendwann wieder ein, verweilt jahrelang noch in diesem Leben, das ja auch kein schlechtes ist. Und das ist okay. Denn im »echten« Leben ist niemand eine Rosa Parks. Das gilt selbst für Rosa Parks.

Stattdessen ist man beschäftigt. Damit, Mutter oder Vater eines Zweitklässlers namens Elias zu sein. Oder Student. Oder Angstpatientin. Oder Enkelin. Oder sich ein bisschen zu dick zu finden. Sich auf den Hochzeitstag zu freuen. Neue Rezepte auszuprobieren. Sich um die Nachbarin Sorgen zu machen. Die Steuererklärung. Die Ergotherapie. Das Staatsexamen. Den pflegebedürftigen Bruder. Den größten Liebeskummer aller Zeiten. So voll das Leben.

Der Mensch ist normalerweise viel zu beschäftigt, um zum Trotzkopf zu werden. Viel zu erwachsen, um sich von heute auf morgen plötzlich zu verweigern. Viel zu gut erzogen, um auf einmal zu beschließen, ab jetzt den eigenen Bedürfnissen Gehör zu schenken. Und so wird er nicht wehrhaft, sondern unglücklich. Er verharrt.

Und dann, eines Tages, hat der Mensch es satt. Er hat auf einmal genug. Genug von den ständigen Streitigkeiten seiner Eltern. Genug von dem Partner, der sich seit Jahren im Bett wegdreht von ihm. Auf einmal reicht es dem Menschen. Er bricht das Jurastudium ab, das ihn nie glücklich gemacht hat. Er entscheidet sich dafür, künftig nie mehr ein »er« zu sein, weil der Mensch eigentlich noch nie ein »er« war.

Trotz schafft im besten Fall Legenden. Ja, ja, schon klar, ohne einen Galileo Galilei würden wir uns noch immer für den Mittelpunkt des Universums halten. Und hätte ein Martin Luther nicht wütend seine 95 Thesen an die Tür genagelt, hätte die Reformation nie stattgefunden. Manchmal hat man Glück und sorgt mit einer Trotzaktion für den Grundstein für religiöse Toleranz, Individualität des Glaubens und die Betonung der persönlichen Beziehung zu Gott.

Ich bin auch oft wütend. Und ich habe natürlich, rein aus Prinzip, immer mindestens 200 Vorwürfe gegen die katholische Kirche im Kopf und als PowerPoint-Präsentation vorbereitet. Genau wie Galilei halte auch ich diesen unseren Planeten nicht für das Epizentrum, um das sich alles dreht. Ich würde sogar noch weiter gehen: Alles dreht sich um nichts, Antimaterie ist der neue Bitcoin, Sexwork ist harte Arbeit, künstliche Intelligenz wird dieses Buch cleverer verreißen als jeder frustrierte Feuilleton-Redakteur der *Frankfurter Allgemeinen Sonntagszeitung*.

In den allermeisten Fällen aber ist man nicht Luther, sondern ein Mensch. Man wird Entscheidungen treffen aus Trotz, die Konsequenzen in Kauf nehmen, und so was von gar nicht in Geschichtsbüchern verewigt werden. Im Gegensatz zum Glücksspiel aber kann man sich weder für noch gegen den Trotz entscheiden. Wir sind ihm ausgesetzt.

Hinterfragen allerdings kann man den Trotz. Er wirkt unberechenbar. Weil er sich versteckt, wir ihn nicht merken. Er sich vermischt mit irgendwelchen Gefühlen oder sich tarnt als Haltung. Das ist tückisch. Für jeden Einzelnen, aber eigentlich für alle.

Außerdem: Er kann alles und jeden bremsen und zerstören. Aber er kann auch jeden dazu bringen, irgendwas Geiles zu erreichen, für sich, und wenn es richtig gut läuft, auch für andere. All das kann man dem Trotz nicht austreiben. Was man versuchen kann, und mehr geht dann auch nicht: ihn zähmen. Das heißt erstens erkennen und zweitens lenken.

Wäre dies ein self-help book, kämen wir nun zum Lösungsteil. Denn natürlich hätte ich als Autorin Lösungen parat, praktische Lösungen, die sich schnell umsetzen ließen. Das Buch hieße auch nicht TROTZ, sondern *Das Kind in dir muss Heimat finden*. Nach der Lektüre würden Sie sich nicht alleingelassen, sondern gut beraten fühlen, Sie wüssten, woher Ihr Trotz stammt, Sie würden sich mit Ihrem Therapeuten über das Buch unterhalten, und dieser würde es weiterempfehlen an andere Klientinnen, solche, die auch schon ihre Blähungen mithilfe von *Darm mit Charme* in den Griff gekriegt und ihr Zuhause nach Marie Kondōs Beispiel in eine Wohlfühloase verwandelt haben.

Dann würde ich hier Tipps geben und natürlich einen Zehnpunkteplan präsentieren und der sähe dann ungefähr so aus:

Der Zehnpunkteplan, mit dem Sie Trotz für sich nutzen können

1. Stellen Sie sich Ihren Trotz als ein kleines Tier vor. Vermeiden Sie es, sich eine Kellerassel vorzustellen. Denken Sie nicht an Kellerasseln! Sie wollten sich doch auf Ihre innere Heilung konzentrieren. Selbst schuld. Nichts können Sie. Gar nichts. Denken nicht und an etwas nicht denken auch nicht. Armselig. Das Beste wäre wirklich, Sie würden sich einfach mit

einer Scheibe Toast auf Ihren Grabstein setzen und warten, Sie Komplettversagerin.

2. Trauen Sie nicht der Stimme des inneren Kritikers. Nur weil diese destruktive Kraft sich äußert, müssen Sie ihr noch längst nicht Glauben schenken. Wie immer gilt: Lassen Sie die Gedanken gelassen zu, ohne sie zu bewerten.

3. Ronja, das ist wirklich das Dümmste und Unlustigste, was du je aufgeschrieben hast. Keiner checkt die Pointe, und ganz ehrlich, ich würde den ganzen Absatz einfach streichen. GLG dein innerer Kritiker.[*]

4. Beobachten Sie Ihre Trotzmomente und tragen Sie diese in ihr Trotztagebuch ein. Vergessen Sie dabei nicht, diese mit der Schablone nach Absicht, Umfeld, Uhrzeit, Stresslevel und Endergebnis farblich zu markieren. (Siehe Anleitung auf Seite 120)

5. Ronja, du hast noch zwei Tage bis zur Abgabe dieses Buches. Du kannst froh sein, wenn es bis dahin eine Seite 50 gibt. Oder einen Anhang. Oder einen Anfang. Versagerin.

6. Lassen Sie sich nicht von Ihrem inneren Kritiker verunsichern. Glauben Sie an sich. Glauben Sie an Seite 120. Glauben Sie an Unsinn wie Trotztagebücher.

---

[*] Und auch ganz liebe Grüße von mir. (Anm. d. Lektorin)

Liebes Trotztagebuch,

heute war ein anstrengender Tag. Ich bin früh aufgestanden, um dieses Scheißbuch endlich zu Ende zu schreiben, weil ich nur noch zwei Tage dafür habe. Zugesagt habe ich dieses schmale Büchlein vor einem Jahr.

Das lief auch erst mal ganz gut, bis ich zu dem Kapitel »Die Zähmung des Trotzes« kam. Als hätte ich irgendwelche Lösungen. Als wäre Trotz irgend so ein Frettchen und ich eine Frettchenflüsterin. Und wer hat sich diese billige Kapitelüberschrift überhaupt ausgedacht? Fucking Ronja. Ich habe echt genug von mir. »Die Zähmung des Trotzes« klingt, als wäre ich eine achtmal geschiedene Paartherapeutin. Oder wie ein Pferderoman über einen schwarzen Hengst namens Trotz.

Ich glaube, wenn ich mir selbst nicht immer so im Weg stünde, hätte ich ein besseres letztes Kapitel geschrieben, vor Monaten schon. Ich habe keine Lösungen für irgendwas, hatte sie nie. Ich kann: Zärtlichkeit, Verständnis, scharf essen, schnell Auto fahren, fahrlässig Geld aus dem Fenster werfen, mich verlieben, Fontane zitieren. Bücher schreiben. Mein Schreiben in Frage stellen. Verzweifeln. Aufgeben wollen. Beinahe aufgeben. Trotzdem weiterschreiben. Trotzig weiterleben.

MARTIN,
LETZTER SATZ

Kurz vor Weihnachten erreichte mich eine WhatsApp von Martins Vater. Ich stand zu dem Zeitpunkt vor einer Berliner Bücherei und traute mich nicht rein. Dort sollte ich ein Foto von mir machen, um für die Berliner Bibliotheken zu werben. In dieser Sekunde fühlte sich das genauso eklig an, wie es sich gerade liest. Ich war in Gedanken nicht bei Literatur, sondern bei Martin, der am Tag zuvor in sehr schlechtem Zustand von der Berliner Charité mit seinem Vater in eine Münchner Klinik gefahren war, um sich dort das Bein amputieren zu lassen. Dass sein Zustand wirklich sehr schlecht war, das wusste ich, das wusste das überarbeitete Pflegepersonal.

Sein Stumpf gammelte vor sich hin, nach der sogenannten Salamitechnik war ihm erst der Vorderfuß amputiert worden, um zu sehen, ab wo die Blutgefäße abgestorben waren und ob man vielleicht das Schienbein retten könnte. Auf Station war er der Jüngste. Man konnte das Schienbein nicht retten. Sein Fuß gammelte weiter. Ich googelte Sepsis. Ich googelte Amputationen.

Ich wollte Expertin werden. Martin wurde kurzfristig entlassen, strandete auf meiner Couch. Ich wusch seine Brust und befreite sie von Kleberesten, wenn wir die Fentanyl-Pflaster wechselten. Das Opioid nahm ihm jeden Appetit. Mein bester Freund vergammelte und verhungerte vor mir. Nachts hatte er Panikattacken. Einmal riefen wir den Notdienst, der ihn mit in eine Psychiatrie nehmen wollte. Martin, trotzig wie immer, weigerte sich, er wollte einfach nur ein Medikament, das ihm die Angst vor dem Sterben nahm und die Schmerzen. Der Arzt sagte, er könne ihm nichts geben. Er sah müde aus, Martin schrie auf der Couch, die Sanitäter sahen uns ratlos an und fragten, ob wir high wären. Ich bat den Notarzt, in der Küche mit mir zu sprechen. Ich flehte ihn an, mir eine Tavor dazulassen. Ich konnte selbst nicht mehr. Nicht mehr wach sein, nicht mehr da sein, nichts mehr. Ich ging selbst gerade durch mein persönliches Trauma, meine Zukunft ungewiss, wieder eine Nacht ohne Schlaf, in der ich neben ihm kauerte, sitzend, ab und zu durfte ich seine Hand massieren, dann bäumte er sich wieder auf, schlug um sich, schrie vor Schmerzen, weinte. Ich war unfassbar allein. Martin war unfassbar allein. Niemand bereitet einen auf solche Ausnahmesituationen vor. Irgendwann brach das erste Tageslicht durch die IKEA-Vorhänge. Martin schlief neben mir, ich war mir nicht sicher, ob ich jemals geschlafen hatte. Der folgende Tag verlief ähnlich. Abends rief ich eine nonbinäre Bekannte, Agustin, an, die sich in der Techno-Szene auskannte, und fragte sie / ihn verzweifelt, ob sie wisse, wie man illegal an Beruhigungsmittel komme.

Draußen wütete ein Schneeregen so wild, wie ein Berliner Schneeregen eben wüten kann. Agustin erkannte die Notlage und rief Dealer an, die Dealer kannten, die noch Benzodiazepin übrig hatten. Auf zwei Dinge im Leben ist Verlass: gute Freunde und Berliner Dealer. Zwei Stunden später kam ich wieder, fütterte Martin mit Beruhigungsmitteln und widerstand dem Impuls, selbst zwei von den fünf Stück zu nehmen. In den Tagen darauf kam Martins Mutter, dann sein Vater, alles blieb schlimm, aber ich war nicht mehr allein mit der Verantwortung, von der Martin nie gewollt hätte, dass sie meine wird.

An all das dachte ich, als ich im zugigen Hauseingang vor der Bibliothek stand. Dann riss ich mich zusammen. Ich hatte meine Arbeit vernachlässigt in diesem Jahr, und weder Vermieter noch das Finanzamt nehmen große Rücksicht auf todkranke beste Freunde, traumatische Trennungen oder generell alles, was sich nicht per Sofortüberweisung klären lässt.

Geh hoch, mach ein Foto, und du hast 500 Euro mehr, redete ich mir ein. Und dann ging ich hoch, stellte mein Handy auf laut, schrieb Martin ein letztes Mal die Bitte, sich doch endlich zu melden. Die Bibliothekarin war lieb und wies mich auf die »Bibliothek der Dinge« hin. Ich starrte auf ein Regal voller Dinge. Die Switch sei leider immer schon für Monate reserviert, sagte sie, und zeigte mir stattdessen einen kleinen Beamer. Wir setzten uns auf eine Couch, und ich schaute auf mein Handy, und sie schaute auf die Wand, und wir beide warteten darauf, dass uns Geräte recht geben würden in der Annahme, dass alles irgendwie schon funktioniere. Ich ließ mir einen Büchereiausweis ausstellen und nahm den Taschenbeamer mit, dann flüchtete ich, stolperte die Steintreppe nach unten in den Hauseingang, setzte mich auf die Stufen und war gerade im Begriff, Martin noch einmal zu schreiben, als mich eine Nachricht von seinem Vater erreichte: Martin sei gerade gestorben. Nein, wiederbelebt. Dann kam lange nichts. Ich schrieb irgendwas zurück, was, weiß ich nicht mehr. Ich solle Martin nichts davon sagen, schrieb sein Vater noch, wenn er aus dem OP aufwacht. Ich schrieb »Was ist passiert??« zurück, dann nahm ich ein Taxi nach Hause und schrieb meinem Freund, Martin sei gerade wiederbelebt worden, aber es ginge mir okay, er solle sich deswegen nicht den Abend verderben lassen. Dann rief ich S. an. Sie kam sofort, obwohl ich nicht darum gebeten hatte. Ich bin okay, sagte ich, und S. sagte, sie nicht. Dann kam sie, wir googelten, was wiederbeleben bedeuten kann. Wir riefen eine befreundete Ärztin an. Und dann schilderte ich den Vorgang und sagte, Martin könnte jetzt tot sein, und dann erwachte ich aus dem Schock und weinte hysterisch und schrie und hyperventilierte. Mein Freund kam nach Hause, begriff sofort, dass es da nichts zu beruhigen gab, und buchte zwei Tickets für den nächsten Zug nach München.

Ich weiß wenig von der Hinfahrt. Irgendwann spuckte ein Taxi ihn und mich vor der Klinik aus. Vor dem Krankenhaus parkte ein umfunktionierter Food-Truck, an dem wir einen Covid-Test machten. Die Stufen zum Eingang waren glatt, alles voller Schnee. Ich ließ mein Handy fallen, der Bildschirm zersplitterte. Mein negatives Corona-Testergebnis ließ sich nicht mehr abrufen. Der Türsteher hatte Mitleid mit mir und ließ mich passieren. Dann kamen irgendwelche Aufzüge und irgendwelche Flure, und dann war ich bei Martin, der lebte und dem ich nicht verraten durfte, dass das mindestens ein Wunder war. Dem ich nicht verraten durfte, dass ihm in einer Not-OP auch noch der Unterschenkel amputiert worden war. Er war verwirrt von der Anästhesie und vom unwissentlichen Tod-von-der-Schippe-Springen, und ich war für einige Minuten damit beschäftigt, stark zu tun, dabei ist das natürlich das Letzte, was beste Freunde von einem wollen.

Wir hielten uns und weinten, ich wahrscheinlich mehr als er. Das taten wir auch am Tag danach und danach. Wir weinten, als wir in der Cafeteria saßen und ich von meiner fundamentalen Erschöpfung berichtete und ihm einen Eiskaffee kaufte. Seine Wunde schien zu verheilen, und Martin war stärker als ich. Dafür schämte ich mich und weinte wieder. Und Martin sagte: »Babe, ich weiß, wir brauchen alle mehr als Therapie, wenn das vorbei ist.« Und ich liebte ihn so sehr. Dann wurde er verlegt in ein Krankenhaus irgendwo in der Nähe von nichts. In diesem Krankenhaus waren nur Amputationspatienten. Das erste Mal, als ich ihn dort besuchte, gemeinsam mit S., nervten wir seinen Bettnachbarn mit zu viel Unsinn. Martin war gut drauf, und wir sprachen über Analsex, bis sein Zimmergenosse sich entschuldigte. Auf dem Rückweg weinte ich wieder, dieses Mal vor Glück, weil es doch nun endlich bergauf gehen sollte und dieses elende Unglücksjahr vielleicht endlich enden würde. S. fuhr, die ganze Strecke zurück zu meinem Elternhaus.

Dann wurde auch der neue Stumpf nekrotisch. Die Reha war darauf nicht ausgerichtet. Martin musste also zurück nach München verlegt werden, für eine erneute Amputation, diesmal oberhalb des Knies. Mittlerweile weinte ich nicht mehr, wenn ich mit seiner Mutter telefonierte. Auch Martin weinte nicht, zumindest deswegen nicht. Für Hoffnung hatte keiner mehr Energie. Für Verzweiflung auch nicht.

»Wir werden sehen« und »Heute schien er ok« oder »Die Wunde scheint gut zu verheilen« waren nun die Sätze, die wir austauschten. Nicht mehr »Aber bald ist das Ganze durch« oder gut gemeinter Aktivismus. Es ging darum, wie es Martin ging. Nach Weihnachten trug ich ihn gemeinsam mit seinem Vater die Stufen hinab ins Auto. Seine Mutter ermahnte ihren Ex-Mann noch, vorsichtig zu fahren. Dann winkten wir dem Auto hinterher und brachen dann zusammen und weinten sicherheitshalber doch noch mal.

Ich verdränge Schlimmes. Während ich diese Zeilen tippe, ein knappes halbes Jahr später, weine ich. Ich schreibe sie trotzdem. Ich schreibe gleichzeitig Martin, der in unserer Wohnung ist. Er ist wieder Martin. Heute habe ich ihm geschrieben, er schulde mir noch 300 Euro Miete. Und danach starrte ich die WhatsApp-Nachricht an, die ich gerade getippt hatte, und wusste, dass es die schönste Nachricht war, die ich je geschrieben hatte. Eine Nachricht, die unmöglich schien, für so lange Zeit.

Mich wieder über Martins Unzuverlässigkeit zu ärgern, ist das Schönste der Welt. Mich mit ihm zu verabreden und dann doch kurzfristig abzusagen, weil ich schon wieder einer Deadline hinterherjage, das größte Geschenk meines Lebens. Martin ist wieder der geniale Trottel, den ich liebe, und ich bin wieder seine unzuverlässige beste Freundin. Er hat mich heute gefragt, ob ich eventuell seine weit geschnittene altrosa Hose geklaut habe. Natürlich habe ich das. Natürlich schreibe ich ihm: »Nö, aber du schuldest mir noch 180 Euro für Internet.«

Ich habe noch zwei Tage Zeit, bis dieses Buch fertig sein muss. Der Druck, den ich mir mache, ist absurd. Egal, was Kritiker darüber sagen, egal, wie viele Sterne es auf Amazon bekommt oder wie oft es sich verkauft: Martin ist immer noch Martin, und ich bin immer noch Ronja. Von so etwas wie vermeintlichen Todesurteilen und Unwahrscheinlichkeiten lassen wir uns nach wie vor gar nichts sagen. Und trotzig werden wir uns für immer weiter lieben. Sich von so etwas wie dem Tod scheiden zu lassen, das ist was für Leute, die nicht wir sind.

QUELLEN

Bernhard Schäfers: Grundbegriffe der Soziologie. Leske und Budrich

Thomas Meyer: Was ist Politik. VS Verlag für Sozialwissenschaften

Grundgesetz für die Bundesrepublik Deutschland

Christoph Steinebach: Entwicklungspsychologie. Klett-Cotta

http://www.columbia.edu/cu/lweb/eresources/exhibitions/sw25/case1.html

Dokumentation *The Death and Life of Marsha P. Johnson* von David France

https://www.vatican.va/content/john-paul-ii/de/speeches/1992/october/documents/hf_jp-ii_spe_19921031_accademia-scienze.html

DANK

Mein Dank gilt folgenden Menschen, die mich bei diesem Buch unterstützt haben: Prof. Dr. Michael Deuschle für die psychologische Einsicht und Weisheit; Oliver Bäumker, der sich quasi beruflich mit Trotzköpfen wie mir auseinandersetzt; Dr. Florian Eckert, der sich mit allem auskennt und mit mir am besten; Lukas Maher, der mir mit seinen Fallbeispielen und Einblicken in die Systempsychologie sehr weitergeholfen hat; Eve Thiele, dessen Trotz mich bis heute inspiriert und demütig macht; meiner Lektorin, Charlyne Bieniek, die es mit dem anstrengendsten aller Trotzköpfe aufgenommen hat. Meinen Eltern, die mich immer zu Mut und Neugier erzogen haben. Suska, dafür, dass sie da ist, immer da ist. Und natürlich Martin. Ohne dich gäbe es dieses Buch nicht. Danke für dein Vertrauen und unsere große Liebe. Und überweis mir endlich die Miete!

»Rasant, komisch und berührend.«
Die Zeit

ALLE LIEFERBAREN TITEL, INFORMATIONEN UND SPECIALS
FINDEN SIE ONLINE

Auch als eBook

Ein leidenschaftliches
Plädoyer für die
Autonomie aller Frauen

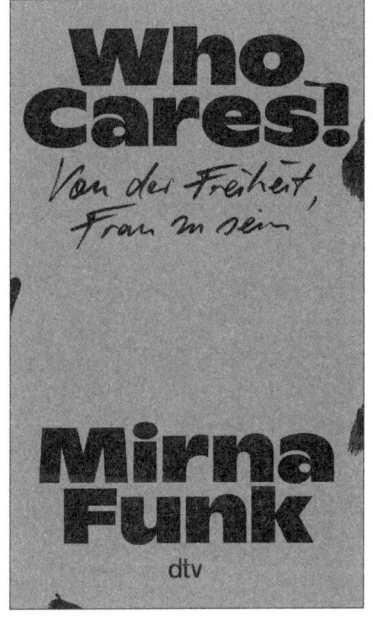

ALLE LIEFERBAREN TITEL, INFORMATIONEN UND SPECIALS
FINDEN SIE ONLINE

Auch als eBook www.dtv.de dtv